Views on business operation by bankers in 1912-1949

民国银行家管理思想论丛（第一辑）

刘平 编著

民国银行家

论业务经营

上海远东出版社

图书在版编目(CIP)数据

民国银行家论业务经营/刘平编著. —上海:上海远东出版社,2017
(民国银行家管理思想论丛)
ISBN 978 - 7 - 5476 - 1299 - 6

Ⅰ. ①民… Ⅱ. ①刘… Ⅲ. ①商业银行—银行业务—研究
Ⅳ. ①F830.33

中国版本图书馆 CIP 数据核字(2017)第 169584 号

民国银行家论业务经营

刘　平 编著

策划/ 陈占宏

责任编辑/ 陈占宏　装帧设计/ 张晶灵

出版:上海世纪出版股份有限公司远东出版社
地址:中国上海市钦州南路 81 号
邮编:200235
网址:www.ydbook.com
发行:新华书店　上海远东出版社
　　　上海世纪出版股份有限公司发行中心
制版:南京前锦排版服务有限公司
印刷:上海市印刷二厂有限公司
装订:上海市印刷二厂有限公司

开本:710×1000　1/16　印张:14.5　插页:1　字数:168千字
2017 年 7 月第 1 版　2017 年 7 月第 1 次印刷

ISBN 978 - 7 - 5476 - 1299 - 6/ F·607
定价:48.00 元

民国时期,曾经涌现了一大批著名的银行家,他们在银行的业务发展、风险控制、内部管理、人才培养以及社会责任等诸多方面,都进行了不少艰辛的探索和实践,同时也留下了许多珍贵的文献。这些文献或详或略,体裁也有所不同,但在我看来,其中所体现的管理思想和智慧,对于今天的银行管理者和从业人员,仍然具有重要的借鉴意义。

目前学术界对民国银行家相关史料的整理和出版已取得了一定的进展,如《陈光甫日记言论集》、《周作民日记书信集》、《钱新之往来函电集》、《叶景葵文集》等专集的正式出版,为金融史专业研究者提供了重要的参考资料。但不能否认的是,无论民国银行家文献的系统整理,或者是进一步利用,都还存在相当大的空间。笔者在日常工作中,经常会遇到一些银行的管理者和从业人员,他们对民国银行家在银行管理方面的思路、想法和措施,表现出了非常浓厚的兴趣;但又苦于没有一个较为合适的读本,能够较为方便地阅读和了解。

为了解决当今银行管理者和从业人员的实际需要,同时兼顾金融史专业研究者的需要,笔者策划并主编了这套《民国银行家管理思想论丛》。计划分为若干辑,其中既有若干位银行家文稿的合集,也有银行家个人文稿的专集,今后将陆续编辑出版。

目前出版的《民国银行家管理思想论丛》第一辑,共分为三册,集中收入了若干位民国时期具有一定代表性的银行家文稿。这些文稿的作者,均担任过银行的高级管理人员,大多为总行经理级的,也有少部分分行经理级的。具体安排如下:

第一册：《民国银行家论社会责任》。主要反映了民国银行家对于国家与民族命运、中国经济发展、工商业实业统筹、农村金融、战时金融、金融消费观等问题的关注和思考。某种程度上说，这也是银行家从事银行经营管理的思想基础和出发点。

第二册：《民国银行家论业务经营》。主要反映了民国银行家对于银行发展战略、经营思路、业务开拓、风险管理和控制、网点设置、对外服务等问题的观点和想法。

第三册：《民国银行家论内部管理》。主要反映了民国银行家对于银行内部组织建设、办公秩序、人事管理、人才培养、企业文化建设等方面的思考和设想。

本辑涉及的民国银行家，有的留下了相当多的文稿，有的则相对较少，究竟应该怎样取舍？有些银行家的文稿也可能同时涉及了几个专题，比如有些银行家的谈话，谈到了社会责任，也谈到了经营管理，甚至还谈到了内部管理，又究竟应当如何把握？考虑到整套丛书的篇幅，同时也是为了兼顾到各册之间的平衡，最终选择的方案是，在每一个专题即每一册中，每位银行家只收入一篇与主题直接相关的文稿。对其中较为特殊的"谈话录"，则依据内容涉及的专题，在对文字不作任何增删的前提下，作了必要的归类。

为增加读者的阅读兴趣，文稿选择尽可能体现了体裁的多样性，有已在公开报刊正式发表的文章，也有演讲稿、工作报告、私人书信、内部谈话录，等等。这些文稿，主要来源于民国时期公开出版的期刊，以及银行出版的内部刊物等，还有少部分则直接选自档案史料。当然，由于笔者的视野所限，挂一漏万，也很可能是在所难免的。欢迎读者提出宝贵意见，以便修订时进一步补充完善。

本辑收入的各篇文稿，都附有作者简介，并尽可能配发作者照片。应该说，这是一件难度不小的工作，尤其是一些不太出名的银行家,无论是生平介绍,还是个人照片,确实都不太容易找到。现在书中所附的作者简介,有的非常简略,主要原因还是相关资料匮乏所致。至于书中所附照片,有部分是从上海市档案馆等处的银行职员档案中查找所得,个别甚至还是从当时银行职员合影中截取的。然而,尽管多方寻觅,还是留下不少遗憾,有数位银行家的照片至今未能寻获。如读者朋友有所发现,敬希赐悉,笔者自然是非常感谢的,并将尽可能在修订时予以补充。

犹豫再三之后,笔者还是在每篇文稿之后,附上了一段简要的"编后絮语"。毕竟,"仁者见仁,智者见智。"这些"编后絮语",与其说是"导读",倒不如说是笔者的"读后感",表达的是对近现代中国金融史的敬畏,以及向当年银行前辈们的致敬。当然,如能收到一点点"抛砖引玉"的作用,那自然是笔者内心极大的期待了。

在编选过程中,所选文稿除排版关系及原稿质量等原因,删除了极少量图表外,其余皆为全文照录。除将繁体变作简体,异体改为通行,并对部分文稿重新标点,以适合今人阅读习惯外,遇有文字错、讹、衍、漏等情况,酌情判断,或保存原貌,或径直改正。凡同一题目分期连载者,合为一篇;每篇稿末注明原刊卷、期和刊行时间,以便参考。由于年代久远,有些文稿字迹确实难以辨认,尽管进行了多方比对,仍可能留有遗憾之处,敬祈读者批评指正。

在书稿编选过程中,复旦大学中国金融史研究中心主任吴景平教授,上海市档案馆副馆长邢建榕研究员,上海银监局原党委副书记、纪委书记李克渊先生,中国政法大学王强教授,以及上海金融法制研究会、上海市银行同业公会等单位,给予了许多鼓励和具体支持。

在资料查找过程中,国家图书馆、上海图书馆、复旦大学图书馆等单位,给予了许多协助。

在资料复印、录入、编辑和校对等过程中,我的同事和朋友陈靖、仇戈、苏玉梅、徐进、朱明宝、王好为、梅茗丽等,提供了不同形式的帮助。

在本书出版过程中,上海远东出版社徐忠良社长,以及本书责任编辑陈占宏先生,给予了大力支持和帮助。

上海市档案馆彭晓亮先生,作为本书的特约编辑,无论是相关档案史料的检索、核对,图片资料的筛选,以及文字润色等,都耗费了许多心血。他细致认真、不厌其烦的工作态度,给我留下了极为深刻的印象。

这些年来,对民国时期相关金融史料的整理、出版,以及写作,几乎占据了我全部的业余时间,我的家人始终给予了充分的理解和支持。

在此,笔者一并致以衷心的感谢。

刘平

2017 年 5 月于上海

目录

陈伯琴（1894~ 1942）

名仁愔，1921 年 2 月进入浙江兴业银行，曾任河坝分理处主任、青岛支行经理、总行信托部兼储蓄部襄理、天津分行副经理等。

山东是华北最富饶的区域,我们在津浦路上,看见火车经过的地方,大半部是一片荒野;等到一换了胶济车,青翠的颜色,马上就可以叫眼睛里觉着非常的舒适。我们知道,华北的港口,天津因为海河的淤塞,连云港因为设备的尚未完整,都万万比不上青岛。虽然青岛近两年来,也受着土产落价,农村破产,不景气的影响;但是一天比一天进步的成绩,将来终究是华北唯一的港口。

我行明知山东地方的富饶,青岛港口的地位优越,但是时局不定,为慎重起见,从来没有设计发展。廿二年的夏天,经过津行襄理朱耀如君的详细调查,九月里又由董事会通过,决定在青岛添设支行,归津行管辖,就请朱君兼任青支行经理,着手筹备。朱君到青以后,积极进行,租定德县路十号的房屋为筹备处,一面又由中国银行王经理、上海银行黄经理、明华银行韩副理的帮忙,租定银行业同业公会新屋的一层为营业处,四层为宿舍。又承中国银行王经理、交通银行姚经理的介绍,加入青岛银行业同业公会为会员银行。

银行公会建筑新屋,五月间方始动工。我们在四月二十日,在筹备处已经起头办理国内汇兑的业务。平行在铁道展览会的时候,完全为我们着想,竭力兜揽汇款,同津行汇青数目的巨大,无形中增高我们在青岛的地位不少。今年七月间,朱耀如君因为在津行职务的重要,不便常驻青岛,乃改派憎升任。憎于七月十一日抵青,觉着人地生疏,学识粗浅,担负这种重大责任,简直有点手足无措。幸亏内部的事情,印刷品的预备,一切器具的购置,新屋内的布置及计划,完全是会计主任张千里君极细心极妥贴的一手包办。

对外方面，朱耀如君曾费了大半年的心力，竭力宣传我行的信誉；加以两年来，青岛商号，受土产落价的逼迫，稍为经不起风波的，都相继歇业，以后的买卖，或者可以比较的放心一点。张千里君常常说起，他刚到的时候，连椅子、桌子都没有，写信同办事，总是叠起两支箱子做桌子，一支箱子做椅子。这种草创时代的艰苦，真叫我觉得"坐享其成"的福分不浅。

青支行是拿放款做主要业务。放款的里面，当然又拿抵押放款做根本，要做抵押放款，当然货栈非有不可。惜到青以后，就转请津行陈准总处，约请任少强君为货栈主任。任君对于本市市面情形，非常的熟悉；又觅妥广州路廿八号为货栈，地点离车站同小港极近，容积又很大，预算大约至少可以存储一百多万块钱的货物。

银行公会新屋，一次二次的延期，一直到九月六七号，还不知道几时可以完工，所以等到十二号的早晨，方才敢决定十五号开幕。仅仅乎只有三天工夫，布置当然十分的匆促。开幕的当天，早起七点半钟，我们问银行公会借做来宾起坐地方的二层楼，还是乱七八糟，亏得许多同事，一起动手，才算布置的粗粗就绪。我们非常感谢明华银行副理韩强士先生，替我们一天两三趟的催促房屋工程，预备二层楼上应用的木器；同中国实业银行副理胡子谦先生，借给我们许多现成的家具。

开幕的那天，来宾从沈市长起，以及地方上的领袖，商业界的巨子，约有五百余人。存款收入约三十五万元，同业堆花约七十万元，这里头钞票同现洋有十二三万元之多。当时情形，十分热闹。可惜我们人手太少，实在觉得执行应付不容易周到。多亏津行经理朱振之先生，在九月十二号的中午，就赶到青岛，主持一切。

青岛的习惯，银行占金融界最重要的地位，钱庄及土产商号，均拿银行做票据交换的机构，每日转账收付，非常热闹。青行开幕仅四日，每日传票均在二百张左右，将来尚能努力发展，当然更可逐渐发达。好在现在离棉花同土产兴旺的时候，还有一个多月，我们正可利用这个短时期,闷头做去。

(《兴业邮乘》二十六期,1934 年)

编后絮语

  青岛的地理位置非常优越,也是银行开展业务的好地方;但当年银行要设立一个支行,却也是一件不容易的事情。项目的论证,租借和装修营业用房和宿舍,加入当地银行同业公会,开设抵押贷款业务所必需的货栈等等,每一项都需耗费大量的精力。一切都准备停当后,开幕式更是需要特别关注,有多少位当地重要人物到场,有多少存款而其中又有多少同业的堆花等等,都是关乎银行形象的大事。陈伯琴先生的这篇文章细节生动,文笔流畅,读来饶有趣味,从中亦可窥见当年各地筹备和开设银行之一斑。

陈光甫（1881~1976）

原名辉祖，后改辉德，江苏镇江人，清光绪七年十月二十六日(1881年12月17日)生。美国圣路易商业学校肄业，1906年后转入宾夕法尼亚大学沃顿财经商业学校就读，毕业后在美国银行实习。1911年任江苏都督府财政司副司长，同年12月任江苏省银行总经理。1913年辞职后一度任中国银行顾问。1915年6月与庄得之创办上海商业储蓄银行，任总经理。1918年任上海银行公会副会长。1920年任银行公会联合会议上海代表。1927年3月任"江苏和上海财政委员会"主任委员，主持发行"江海关二五赋税库券"。1933年10月任全国经济委员会棉业统制委员会主任委员。另曾任淮海实业银行董事，常州商业银行董事，中央银行理事，中国银行常务董事，以及交通银行、上海女子商业储蓄银行、浙江实业银行、江苏银行、上海通和商业储蓄银行董事，中国国货银行常务董事，江苏省农民银行监理委员，徐州国民银行董事长、总经理等职。1936年3月代表国民政府财政部赴美谈判并签订《中美白银协定》。全面抗战爆发后，一度任国民政府军事委员会下属贸易调整委员会主任委员。1941年4月任中英美平准基金委员会主任委员。1945年10月，以国民政府首席代表身份参加国际通商会议，呼吁对中国投资。在美国时，与李铭及美国人合资成立"中国投资公司"，又设立"上海银行纽约通讯处"。后曾任宝丰保险公司董事等职。1949年3月赴曼谷参加联合国远东经济会议，会后定居香港。改上海商业储蓄银行香港分行为上海商业银行，不久在台北成立上海银行总管理处，晚年迁居台北。1976年7月1日去世。

一九三〇年九月十八日

本行创始至今，十五年间，孜孜不怠，奋勉图功，所以得有今日之地位者，实全赖社会所赠予。所以能信用普遍，存款已达八千万元，中外各界，均见赞许者，亦为社会所栽培。因此本行同人更应感念社会赐予本行之厚，愈加奋勉服务。须知本行所恃为命脉者，即为服务二字，此外既无发行钞票之权，亦无其他特种权利，可谓一无所恃，惟有以服务社会为根本立场。

服务社会，第一不可自满，本行虽蒙社会信用，然仍须时时警惕，不存丝毫骄傲之心，于进步中再求发展，量发挥其服务社会之能力，方能博得社会之好评，营业发展之基础即在于是。倘以为我行信用已甚坚固，现有存款甚多，即存志得意满之心，因此对于服务上不免敷衍，则非但不能进步，且恐有退步之虞，此同人应加以深切之注意者。

本行所恃，既全在服务二字，则应以平等眼光，招待社会人士，不可以贫富贵贱，而显示招待上之区别。譬如有一破衣赤足之农夫，欲与鄙人谈话，鄙人即当引至经理室，和蔼招待，遇有询问，尤当诚恳答覆，全行同人均应如是。当知社会无论何人，愿与本行接近，即为本行之光荣，亦即服务社会之真精神也。

凡一银行初开办时，如人在青年时代，有勇猛精进之心，迨开办多年，金融界已有相当之基础，社会上已有稳固之信用，即如人到中年，经验较深，眼光较确，对于进展事务，能权衡利害，稳健进行，不复如青年时代之一往直前，倘在此不存勉励之心，转抱骄矜之意，则如老年人之精神颓敝，只求敷衍，不尚事功，此之谓血枯症,是银行之大忌。

银行对于社会,无论顾客与非顾客,最不可缺同情心。在此世界之中,即遇漠不相识者,亦应发生同情心而互相扶助。况社会对银行之信任,即为社会所表示之同情心,吾人更应以同情心表示服务社会之态度。而同人相互间之感情,亦当以同情心表示其亲爱团结之精神。若同人间不相亲爱,则彼此隔膜,缓急不相助,利害不相关,同舟共济之人,讵宜如此,此亦同人应加注意者。

一九三〇年十二月二十六日

一、总行最近有三项措施:(甲)增加资本已经十一月董事会议决再增二百五十万元,连原股共五百万元,所增新股,半由股东认购,半由行员认购。此项用意是欲行员与银行关系益为亲密,办事更能勇往直前,即本行标语所谓"银行是我,我是银行"之意。再本行股票因数目不多,证券交易所并无定价,有时值一百二十元,有时值八十元,由售方购方需要而定,吾人不必因其上涨而喜,亦不必因其下落而失望,本行能深入社会,得社会之信用,行务自然发达,行基因此巩固。(乙)本行在沪建筑新屋之用意。总行新屋在宁波路江西路北京路之中央,两月后即可完工,占地八亩余,建筑费一百十万两,每年尚须付广肇公所租费八万两,约计五十五年之后,方可将建筑费打除。惟本行用意非因工程大而睥睨同行,亦非指望由此多收存款,实因现在顾客,平时每日总数在千人以上,偶遇放假之第二日,即有二千人以上,屋小人多,对于顾客时间上极不经济,办公室内亦座位挤满不能再添,故有新屋之需要。并恐设计不能周到,特聘在美国 Wells Fargo Bank and Union Trust 服务十五年之 Mr. Wallace 代为布置,此君对于银行设计,极负盛誉,将必满意而予吾人以最新之方法。(丙)本行因具有送银行深入社会,不愿使社会走到银行之旨,故在沪市设分行七处。所堪告慰者,分行所到地均受社会人士欢迎,现在静安寺路分行创办信用小借款，订额五百元，有二人担保即可放给，利息一分，自创办以来，放至十万元，仅一笔未清，余均按期收回，细查借款用途，大半因婚丧暂时借用，或因早借重利印子钱，向我借款还清，在借到时已十分感激，故轻易不肯丧失其信用，本行尚以未能普遍，拟再进一步，即杂货店小水果铺亦愿为之服务。尚有新分行之设立在筹备中。

二、此次经过南京及第二区所属各行情形：（甲）南京分行自李桐村君接办以来，抱服务志愿，上下一心，最近举办两种业务，其一即淮盐商人在银行或钱庄用款，不办手续，全恃信用，我宁行已办到改用押汇方式，即盐从十二圩装民船时，向宁行押汇，到汉口进仓，改归汉行押款，以数百年只凭信用之盐商而能依照手续办理，非有服务决心不能感动。又其一知中国最要立场，现时不在工业，不在商业，而在农业，愿进一步为农民服务，曾与金陵大学农学院商妥，供给款项，转贷农民，该院在乡村有农民信用合作社之组织，由此入手将来必有直接为农村服务之机会。（乙）芜湖支行月前存款十五万元，放款约一百万元，因水路交通便利，内地出产汇集于此，将来尚可发展。（丙）临淮蚌埠为津浦路通过要点，亦有一部分出产，对于仓库尚可尽力进行，蚌埠经已购地，如时局就此平定，即拟动工。（丁） 徐州有津浦陇海两路交叉其间，所有江苏山东河南腹部货物之转移，集中于此，并有海州为之吞吐，发达未可限量，该地国民银行，我行已加入资本，如时局平定，亦可尽力进行。

三、济南青岛两地情形：在报告之先，有句话说，即本行向来于稳健中取干净态度，为社会服务，不为军阀政客服务，故遇当地法律不能保障，发生横征勒索之时，本行随时可以收市，机会一到再重张旗鼓，如济南常州前次停业及此次复业即其证明，北平支行亦着手恢复。济南复业来业务大增，当地设有仓库，认为将来有希望之地。青岛因有胶济路线，为海口吞吐口岸，每年棉花面粉及土产，其数不亚于天津，对于押汇生意可望无限制发展。

四、余对天津分行之推想与上半年在津观察之比较：当在沪未动身之前，仅知亦在努力期中，及实地观察，见全体颇有秩序，整个进展实出预料之上。但此等进步只做到筹备二字，尚未做到将天津上海银行服务精神送入社会，使一般人士可以欣然享用地步。且非天津一地发展即为成功，今姑定一初步界线，即天津、北平、石家庄、张家口、唐山、奉天等地为一圆圈，在此圈内，津行应有充分发展，而华北营业枢纽全在天津，津行之努力恐未有止境。

五、本行将来有四种计划，有两部分尚在筹划进行，先为同人申述一番：(甲)银行业在本行初创办时，因银行人才甚少，特聘钱业老手作为指导。钱庄出身者向知以银两为本位，对于银元存户主张不给利息，并借兑换取巧，我行未加采用，毅然给洋户利息，在当初未尝不为腹谤，讥为外行，但以后无一家银行有对银元存款不给息之说，并且给息已超过从前利率。故吾人知银行为社会服务，是辅助社会，不是剥削社会。清季票号交结官府，声势赫然，一旦革命，即随清政府消灭，其原故何在，盖平时不为商为民着想，对社会未有特殊贡献，天演淘汰，势所难免。现有银行以来将二十余年，取票号而代兴，自有一部分精神，然渐染暮气，吾人于警惕之余，应筹不随潮流变动而消灭之办法，应做到我行是民众需要之银行，有民众即有我行，如此志愿，如何进行，是又在全体同人策群力以赴之。(乙)本行之办旅行社于今七年，因为旅客服务者只此一家，亦得到一部分赞许，但是人家越说好，吾人愈觉惭愧。远观欧美各国，其旅行机关服务之周备，实足惊叹。我社之成功真遥无日期，愿同人熟思深虑筹奋斗办法。尚有一层，本行欲往某地发展，先在某地办旅行社，取得社会一部同情后再设银行，故谓旅行社为银行之先锋队，银行同人应不分畛域辅助而培植之。此次经过徐州车站时，见旅客在站候车，多席地而坐，门窗均无，朔风刺骨，殊难忍受，徐社将营建大招待所，备头贰叁等旅客转车时休息，略备茶水火炉以求旅客精神安慰。并曾与徐社招待在站作数小时友谊谈话，须知总经理与招待，仅负责任上一种记号，其为旅客服务，宗旨则一,且招待与旅客接近之机会多,每天不断,即认为旅行社之先锋队亦无不可。(丙)关于仓库部者,本行所在地之自建仓库已有不少,将来尚拟为大规模之计划,另组总机关以综其成。将于津浦线先行发展,现在临淮蚌埠已觅得地址,时局平定,即可动工,他如明光滁州一带亦着手考虑。盖仓库之为用,可以辅助商人输运,可以保存货物安全,兼可由是融通资金,至于旧有堆栈之积弊应力为扫除,如汉行对于顾客遗落在地之货,仍汇集交还客人,革除陋习,受人欢迎。(丁)关于保险部者,现在世界保险总机关,不在纽约,仍在伦敦,本行欲自办此部,亦是挽回利权之意。因商人自营商业,向外人机关投保已成惯例,欲全数挽回,势非一朝之功,拟先着手联络太古各家,加入保险公会,商定联保办法。历来保险公司对于保户之出险,往往一梁一柱,横加挑剔,希图少赔,我行自办此事,因联保而责任较少,将谋赔款迅速以立信用。

六、对津行及同人之希望:前述津行应以石家庄等地成一圆圈为发展目标,又有上述四种计划,余愿以后每来津行一次,而津行成绩亦优越一次,并盼于最短期内将柜上各部分类划开以求顾客醒目,而保管箱办法亦可试办,更须留心觅地点适中房屋,有宽敞办公地位以备日后发展。津行之发展程序既无限量,则津行同人之做事机会亦复正多,二三年后,在座诸位均可为一部分领袖无疑。不过尚有一层必须注意,诸同人应就目前之需要,充分预备,譬如欲办保险,对其历史章程及几家公司内容,均应彻底了解,方可到时应用,其他类此者正多,所谓宜未雨而绸缪,毋临渴而掘井,同人其共勉之。

七、人生在社会有一真正快乐之事,此非饱食暖衣,亦非逍遥无事,即为快乐,并非有钱有势即为快乐,是树一目标,创一事业,达到目的地及成功,为最快乐。此种快乐从艰危困苦中得来,尤为永久,尤为有纪念价值。试看饱食暖衣及有钱有势之快乐,须随潮流而变更,即是到手,亦不过如此,毫无回味,而且担惊受怕,不能说到快乐。如吾人合大众知识与力量,使本行达到成功目的,即为吾人之成功,其中快乐真可宝贵。目前我行经十五年之经营,虽负有薄誉,亦不过比较上成功,以与外人银行业相比,相距犹远,用告同人及时奋勉,兼以自励。

一九三○年十一月

今有一最要而极有关系之事,即同人所书洋华数码,多不整齐,在同人以为此最小之事,但期不误,何必求工,殊不知对方之想象,可认为小事如此草率,何况大事。

外国之经商者,先须留意学问,譬如有人来询谓欲存款,章程如何,诸君将何以答之,若先告以本行存款章程,殊嫌太琐,应先询以是长期抑短期,如彼答存长期,则再询其定期几时,经彼决定存期,始再告以利率若干,章程若何,如此则时间经济,次序分明,此即以至简驭至繁之方法。吾辈从业银行,银行为社会最主要之事业,可以实在扶助社会之建设,与空谈计划不同。银行服务社会,社会实受其益,希望同人正心诚意,通力合作,人人有负责之贡献,处处存振兴事业之心,此为服务之真精神,本行所恃着亦惟此精神。有真精神者方能成大事业,同人不必以薪水之多寡为念,但能力趋于振兴事业之途,则人不求钱而钱自至,换言之,学问与本领即金钱之宝库。人生天地之间,对社会有贡献,即对职务应有贡献,有贡献方能振兴,同人苟能致力于振兴事业,俾行务蒸蒸日上,本行之益即同人之益。

一九三一年一月十八日

适才杨区经理报告,自十七年至今,本行进步极为迅速,此实诸君服务之结果,甚堪欣慰。尚望诸君继续锐进,贯澈到底。汉行在社会上实居重要地位,因汉埠东通吴会,西达巴蜀,南联湘赣,北接豫陕,为中国南部之重镇,居长江上游中心,贸迁所至,商务繁盛。长江流域与南满为中国今代之两大富源地,南满状况不佳,我国银行事业不能前往发展,惟长江流域较为安定。汉行所处环境既佳,又得诸君匡助,行务日形发达,今又进展到四川及其他各埠。此次鄙人来汉,见行中同人,面生者居其大半,即联想到先进同人已调往他处,担任较为重要之职务,努力创造,又觉非常愉快。

今有足与诸君谈话资料者,先将总行近来所办各事,略分三端言之:(一)增加资本以厚基础,(二)添设分行以利顾客,(三)总行新屋陈设器具均采用近代化配备,以期便利顾客及敏捷办事。

去年十月三十日股东会议,增加资本二百五十万元,因原有二百五十万元,而存款已达九千万元,深恐头重脚轻,不能相配。承股东全体赞成,咸以本行能以服务社会取得充分之信任,并承社会给予本行以甚多之优美机会与助力,乃有今日,遂订所增新股以一百二十五万元由原股东认购,旧股两股认购新股一股,由历年所藏准备提出二十五万元分配股东,故新股按八折实收,另以新股一百二十五万元分配行员认购,使行员皆成股东,实行劳资合作,庶几团结力量益臻巩固。股东投资目的,欲在社会上共同表现其贡献,本行承此目的,自应将此意旨输入社会。现在总行已就本埠设立分行七处,各该处均为上海重要繁盛区,本行对社会实际表现服务成绩,便利各区顾客,以免往返不便,消耗时间与用费。总行新屋将于四月落成,布置配备均采用现代化,以引起顾客美感与好印象,并在美国 Wells Fargo 银行聘请 Mr. Wallace 代为设计,凡安置桌椅均求适当地位,为办事求敏捷,即为顾客谋便利,庶几免天演进化之淘汰。

再将鄙人此次到各行视察情形,及战后景况,与吸收新印象及感想,为诸君言之:

自沪出发至宁,复往临淮关,蚌埠,徐州,济南,青岛各地,又折回济南再往天津北平以至郑州汉口,此行乃视察各行近况。到徐州时,见津浦与陇海换车,相距只二十分钟,旅客搬运行李,须自雇夫役，任其需索，方能及时赶到，否则即将误车，如此情形，公家既乏相当设施，如旅行社能予帮助，力求便利，当可得旅客之赞许。到青岛时，曾闻市上一般银号之对于本行，有虑原有生意将为本行所做，存款亦将移贮本行之论调，感情似不融洽。本行为服务社会而来，非与人攘夺生意，当设法联络以谋合作，免贻"船多碍港"之讥。津浦路沿途，货栈甚少，本行除明光滁州临淮已设有堆栈外，尚须酌量添设，此非专为招揽押款，实为商人求便利，为顾客谋安全，以免货物沿站堆置，有风雨飘零之损。故本行之添设仓库，是有意义，有宗旨，有系统之组织，为客商尽一分力量，即为社会尽一分责任。到北平时，闻本行颇得社会赞许，并有人相告，谓本行无论在何处，无不受人欢迎，又谓汉口分行办理甚善，业务亦颇发达云。鄙人对于本行愈得社会之矜宠，愈觉毛发悚然，皇恐无地，诚恐有因应未周之处，实际未能勉副此种优美之批评。

再就北平近况言之，该地为文化及名胜区域，外人前往游历者甚多，自此次战事后，来者更络绎不绝，而学校林立，学子尤多。就鄙人观察，该地分行宜注意于旅行与汇兑两事。又本行虽以辅助工商为宗旨，吾国农民占人口百分之九十五，其于农业社会，应酌量扶助，兹已聘曾任清华及农业两校校长金仲藩先生为平行经理，并与华洋义振会筹商举办合作事业，以期于协辅文化及促进农村，均有贡献。

南行至郑，适值大雪，极目所视，冰天雪地，行旅维艰，触景生情，决拟返沪后对于郑徐两旅行社妥筹办法，凡旅客所遭之困难，本社必就事实上所可能，尽量招待，为之解除。由郑至汉见一路车辆轨道残坏不堪，此固为战事后应有现象。然该路达二千余里，占交通上重要地位，其受病原因，在与商务方面太无联络，管理亦不妥洽，权限不分，运输不畅，偷漏之弊更层见叠出。鄙人在美国时，适坎拿大之商办太平洋铁路，因煤每吨加价二元，势须亏耗，该路总理计划，若能减省用煤二成，即可保持原状，遂召集全体执事会商救济方法，议决不加车价，力求节省煤斤，凡机车离站到站，开关机器，以正确核算距离地点，结果乃减去百分之二十五，此即共同努力之效。如平汉路亦能借镜于此，改良整理，何尝不可发展。由此可知在社会上无论作何事件，必须先有坚决之心，方能达到圆满之地，即就本身事业言，各同人均当共存努力合作之意志，勇往直前，为社会服务。

汉口社会，市政方面大有改革，虽为时代进化变迁之现象，考其原始之创造，南皮张之洞督鄂时推行新政颇力，有铁厂，兵工厂，针钉厂，及纱布丝麻四局，与铜元局，造币厂等，励精图治，鄂人以张文襄造福社会，至今称道弗衰。犹忆二十五年前，鄙人随侍先君来汉，遵严命以清晨铁厂放汽声为起床之标准，此种印象，深镌脑中。比时适有拳匪之祸，各国在我境取得租界，开辟马路，设电灯，其对待华人常有无理压迫，乃有今日收回租界之反响。余在当日即感想外人在租界之种种设备，何以不能自己建设，乃激动出国留学之决心，期求新知识与新思想，以尽服务社会之责任与使命。

社会现已入新兴时代，应办之新事业正多，本行前途甚可乐观，可随新事业以发展，如开发矿产以辟利源，修筑铁路以便交通，此二者为中国最急需之图。即如六河沟与中兴煤矿而论，经营虽未见顺利，仍可不抱悲观，盖破坏之极方能入新兴建筑之途，以前测量中兴一矿有三千六百万吨之煤，如该矿能搜罗人材，择其确有新知识与忠实者加以任用，不计艰巨，努力进取，五年后可获巨利，其时一般银行存款亦可随以增加。更进一步言之，时代进化，社会上之事业新陈代谢，有其天演之淘汰。数十年前，我国尚无银行之名称，而掌握金融枢纽者为票号，代理各省藩库收解，及商业上之汇兑，在票号则自视甚高，以为特殊阶级，与各商极形隔膜，渐因时代变化，事实上失其需要，以致不能立足。于是钱庄应运而起，盛极一时，至于今日，时代更见进步，钱业如不能利用新法，恐亦将随时代变迁，因社会之不需要而有所更替。由此观之，社会之事业，随时代之进步,及需要与否为转移,本行及旅行社堆栈同人,亦当依据时代进化之情形,随时研究社会上有无需要本行之处,如何可以革新,如何可供社会之需要,抱定自强不息四字为办事之基本观念,切勿以在行服务仅为糊口而来之论调,障碍进展之精神。凡存此心作此言者,既误一己,又误他人。尤宜互相警戒,有所惕厉,各自奋勉,共策行务之进行。否则在此新兴时代,事业经营不能有进步之方法以适应需要,则至社会无所需要之时,将受天演之淘汰而无以自存。

社会上凡作一事,欲求成功,须先有精密之研究,而后为努力之实行,方可达到目的,是研究乃成功之母。吾人研究社会需要本行与否,又须认识本行环境及社会情形,悉心推求立异标新之经营方法,使本行在社会之地位确为各业之中心,各商及社会之于本行,均有彻底之了解与绝对之信任。吾人更当明了在此新兴时代,一切均在建设,即如汉口市政自开马路以至水电,人口日多,需用益广,而粤汉路行将完成,商务必更增繁,凡此皆与本行全部有密切关系,自应运用脑力,吸收新知,以改良营业方针,迎接社会需要,以免他人起而代之。

本行是有组织有意义之银行,凡于行务有应兴应革事项,同人有所建议,尽可尽量发挥,甚望能以卓见远识充分供献于行。虽各有所司,难于越俎代庖,混淆权限,但本行博采群言,凡所言确有见地,极愿容纳,借收交换知识之效,谋行务进行之利。

以第一区全区之范围言,所辖地面较德法为大,生产蕃殖,商业繁兴,直接间接于本行业务有关,诸君精密研究必有助于本行贯澈服务社会之使命与责任,愿与共勉。

一九三一年二月

鄙人每值星期轮流约同人聚餐一次,即为欲求与诸君认识,并欲同人间得互相认识之机会,幸在座勿受拘束。鄙人平时无暇与诸君谈话,故每值聚餐之期,无论如何,必乘此机会与诸君晤谈。惟本行同人数百,鄙人难免记错有张冠李戴之时,然必力求能以认识,亦盼诸君设法认识他人,并求他人之认识本人。

今日在座大半为柜上服务者,柜上服务最为重要,须振作精神,一丝不懈,方能令顾客满意。日前见有人在柜上阅报或吸烟,此非所宜。外国银行在办事时间不得吸烟阅报,亦有上午不得吸烟而下午弛禁者。总之无论柜上事务繁简,均不宜吸烟阅报,顾客一见柜上人员吸烟阅报,即生不能专心服务之感想,故吾人应表示以全副精神接待顾客,始能得社会之好感。近来本行名誉少逊于前,同人每于忙迫之时,将出入现金及折据向顾客任意抛掷,此固由于匆促间不暇传递,然究非服务之道,即顾客不因此而觉吾人之骄傲,受而不较,吾人亦宜自省。

今日欲与诸君谈者,即为新屋将次落成,六月一日即可迁入,迁入新屋后吾人应以新精神全力振作。何谓新精神?所谓新者,无非去除旧染之污,将一切腐败陈旧习惯改革无遗,讵非至佳之事。但言之匪艰,行之维艰,轻轻一言欲完全实行,谈何容易。古语有云,放下屠刀,立地成佛,屠刀即腐败陈旧之习惯,只能放下即可成仙成佛,为圣为贤。然吾辈皆是凡人,并非圣贤仙佛,不能有此造诣,故吾之所谓新精神,即欲诸君立志为改革腐败习惯之人,人人具此志愿,下此决心,切实做去,将来或能改革十分之一二,若谓立时可以完全改革,恐徒托空言,实际未能做到。

本行在十六年前仅资本十万元,今日存款已达一万万元。当鄙人创办本行之时,即以服务社会为第一行训,彼时人笑其迂,谓银行旨在图利,空言服务,何有利之可图。不知本行志愿在于以服务换取酬报,能尽其为人服务之责任,使顾客对我满意,而换得分内之报酬,此即所谓正当之利益也。苟不正当之利益,虽一文亦不苟取,非若他人之惟知牟利,而于顾客之利益漠不关心。举例言之,吾人旅行乘火车往南京,倘车厢污秽不堪,车行速率极慢,当局不尽其服务之责任,吾人心中感想何如。然而十六年来,昔时以鄙人之服务社会为迂者,近无不以服务为号召。服务之道,既当为顾客力谋便利,尤当以和气为先。满面春风,殷勤招呼,顾客自乐于接近,来往既多,营业亦自可因而推广。新精神不但重在精神,即形式亦宜讲求,同人面手均应清洁,衣服亦当整齐,在顾客心理,亦每以形式尚且欠佳,安有精神可言之意,故此层亦不可不注意。

银行业务,不若他种商店有陈列货物可以任人选择,银行之货物即为服务,故我行一无所恃,可恃者乃发挥服务之精神。新屋中式式皆新,全赖同人以新精神为人服务,不可少存骄满之心。吾人服务银行界,仰赖社会之欢迎,顾客之信用,始幸得有此一日,何有可恃,足以自骄,如妄事骄矜,足为讥者所笑。

一九三一年三月二十六日

往来部登帐一职,在表面上观之,虽并无兴味,亦无可研究之处,其实此中大有可以研究者在。譬如某厂、某号、某公司,本月与本行之往来若干,其中以何家为最多,何家为少,较上月份之往来是否增多,抑为减少,今年与上年之比较若何,倘就此详为研究,即可得其消长盈虚之消息,并可由此窥测其业务之盈亏,连带及于市面商务之情形。具此知识,即可调充营业员,担任跑街事务。虽以前并未与各该商号之执事人接洽,而于其营业情形,了如指掌,自可胜任愉快。此即登帐者之自寻出路也。故无论何种枯寂之事,一经蓄意推求,无不有其研究之价值,既有研究之价值,则兴味即由此而生,所谓于职务中觅取兴味,即是此意。

存款部同人,在银行中地位亦最居重要,第一须和气待人,第二当手续敏捷,第三应不嫌烦琐。倘以事烦而应接不暇,即生厌恶之心,亦即失去服务之本意。其尤重要者,平日收付较多之户,应一见其支票或签字,即能识为某户所签,且能记其存款数目,无须核对,即可径予给付。外国银行之办事人,强半具有此种能力,假如鄙人在彼银行经过数次之往来，彼即能指识我为何人，确认我签字之式样。苟存款仅有五百元，而支票签付五百二十五元，持票人乃为本人，其时彼脑中已明知存数不敷，然恐顾客不悦，则谓"吾试为君一查簿册"，迨查阅后，则又谓顾客曰，"顷见君之支票，似觉存款略有不符，今乃果然"。顾客平时颇有信用者，则仍照票面给付，且告以存款虽不足额，仍可照付，请君随后解入可也。试问如此对待顾客，顾客心中之感想何等愉快。若我国银行者，则一经查阅簿册之后，惟有立即掷还其支票，直告以存款不敷而已。两两相较，顾客之感情又将何如。苟以我国银行与外国银行相比较，则华商银行之程度直为小学生也。

现在储蓄处收款付款尚分两组，将来为便利顾客计，拟将两组合而为一，收付既合为一组，对于办事有联络统一之效，对于顾客又有经济之利，且可借此与顾客多所认识，此事在外国银行已行之十余年，特我国银行尚未有人起而仿行。

一九三一年十月二十八日

今日鄙人有一种意见，特为诸君言之，在此无金融制度之下，办理银行，欲求其业务发达，诚为不易。何以谓之无金融制度，吾国今日尚无币制之可言，无币制即无金融，无金融则商业又安能立足。以上海市面而言，即有四种货币：（一）汇划银两，（二）汇划银元，（三）划头银两，（四）划头银元，此银钱界之通货也。此外各商肆有以大洋计算者，亦有以小洋计算者，陶乐春菜馆前用小洋，今用大洋，味雅菜馆则至今仍用小洋，倘外出购物或访友宴客，归家而后，钱囊中乃有小洋铜币角票等种辅币，凌杂不可名状，此为任何国家及商埠（外国商埠）所无者。此犹在上海也，如出门至外埠，则平汉路陇海路两线之杂币尤多，币制既不统一，金融界又少组织，但知在各处各埠竞设分行，他无目的，而只以谋利为标准。本行以服务社会为目的者，不幸当此无金融组织之下，又安能不振奋精神,求达服务本旨。

欲求确实之服务,有两法焉:(一)有礼貌,以和蔼之礼貌,谆诚之态度对客,俾顾客乐于亲近,(二)辅助顾客,当竭力以扶翼顾客之事业,而解除其困难,不以市面银根之紧松,而妨碍进行。譬如纱厂放款,合同期满,而以银根既紧,遂不能与彼续订合同,而纱厂当此时期,亟待购办棉花,以应需要,倘供给用款之来源一朝停顿,即有不能营业之虞,又譬如有人向我国外处购纽约汇票,欲往办货,而国外处以金汇市面问题,不得不好言推出。此直为呼之即来,挥之即去,何足以言彻底服务。美国各银行之准备金,法定额仅为百分之十八,核以本行一万二千万之存款,亦止须准备二千一百六十万元,然我行之准备,已达百分之二十七,尚虑不敷,其故何耶,盖美国有联邦准备银行,可为各银行之后盾,其他尚有若干之辅助机关,即有不敷周转之时,亦可求准备银行及其他机关之辅助,中国则并无此种辅助机关,故我行即有百分之二十七之准备,银根松时,固无须如此多数,迨银根一紧,则又虑其不敷。其根本上之弊病,即在于无货币本位,无金融制度。而同业又各自竞争,不相联络,吾人在此种情形之下,应极力研究新意,使金融安定,无论何时,咸有运用流通之能力,不至如今日呼之即来,挥之即去,始可谓之服务。吾敢谓此项计划,如能成功,银根决不至松紧无常,再现今日之状况也。

吾国今日之金融机关,有百分之二十七之准备者,恐尚甚少,普通心理,均谓营业即为图利,血本所关,安可不肆力运用,然而运用竞争之最后结果,势必至于众皆无利可图。今社会间一闻汇丰银行将放押款,银根看松,彼此相传,靡不欣然色喜,此尚足以言爱国,言抵制乎。国不成国,社会不成社会,在此环境之下,而高谈服务,讵非废话。求其原因何在,即为群众对此问题无研究,而对社会无贡献之结果。

今日要义,第一须金融界对社会有良好贡献,如一时不能实行,则当先修其内。柜内之人,均能有知识,有意义,再行对外宣传,欧美之银行,可以不用宣传,无论其柜内柜外以及各方面之人,知识咸能相称,吾国人之程度,恐尚未到此一步。修内云者,即各部分首领,先具有知识意义,然后引领部属人员,作有知识之谈话,有意义之行为。

今日金融制度之亟待改良,其策有四:(甲)废两改元,(乙)有调剂金融之中央银行,(丙)成立票据交换所,(丁)往来帐应改良,俾较为活动,不再如从前之呆板。吾人应基此四种策划,而为有组织之进行,倘一时仍难实现,则退一步而言维持现状,此次本行之向各界收回放款,吾思之极为痛心,但为根本问题,不能不加厚准备,但能集足相当准备后,仍须照常放款,盖营业不能不顾也。

制度有待于人之执行,故欧美制度虽佳,仍以集合现金为重。吾国习惯,根本反对集合现金,平时不肯呆搁利息,临事则以为尽可向人通融,此实不合商业原理,不可为训。吾国但能将以上四事办成,则人民自能信用,银拆何至高翔。将来币制确定之后,纸币之发行额,必须增加,从前之发行一万万元者,恐他日必加至三万万,然仍须以现金为信用之保证。

贝淞荪君自国外归来,谓环视世界,现金太少,而所办之事业太多,此实扼要之论。总之吾国金融制度不佳,因此而令我不能服务,不但当顾本身,更须兼顾社会,兼顾环境,此吾人所以必须为有意义之服务,而尤当努力以求制度之改良也。

一九三二年三月三十一日

东北三省现已入日人掌握,我国苟无妥善挽救之道,则不三五年,恐日人将发展其贸易,举东北各地之新旧产品,倾销于华北各埠长江一带,彼时上海各工厂产品之销路,必大受打击。从前内地工商业不发达,而上海无锡等处,工厂林立,所出货品均可运销内地,平津一带,尤为各工厂销货之重要地点。将来日本如果完成其大满洲计划,从东北运货至大连,再由大连分运华北及长江各埠。东北三省本为天府之区,其物产之多,蕴藏之富,每为他省所无,而东北所特有者,加以日人极力经营,其成绩必大有可观,彼时上海之工商业,将蒙绝大影响。今日鄙人为此预言,庶凛于后日之艰难,而时时警惕。

鄙人前往台湾,参观日人所经营之制糖厂,依照台湾法令,在糖厂左右前后之蔗林,不准售与他人,非售与糖厂不可。余询其经理曰,君在此创办制糖事业,缔造艰难,亦可略告一二乎?彼语困难之事,何止一端,约言之,亦在十端以上,即举一端为君言之,已可知其困难。此间蔗种虽良,但有一种小虫蚀其根株,无法驱灭,蔗根被蚀,蔗亦萎枯,不得已而辗转调查,知小吕宋古巴爪哇等处,产生一种小虫,能食此害蔗之蟊贼,乃往以上各处取得虫种来台,冀其蕃殖,不料此虫到后,以地气关系,非但不能孳生,且一到即死,甚有在半途即毙者,经数次之徒劳往返,于是将此小虫分纳于小格之中,而令人随带身上,谨慎保护,结果验得以爪哇种之虫为最宜,幸而不死,又按人体之温度,特建暖室,以居此小虫,始渐蕃育,播入蔗田之中,此种困难,始得解除云云。

鄙人又尝至东三省之抚顺煤矿及鞍山铁矿考察,此两矿早在日人势力范围,该处有一炼焦厂,为中国境内之唯一大厂,因炼钢非用焦炭不可,而焦炭又须先行提炼,计煤质中可以提出各种成分,如硫酸铔、颜料及药物,均可在煤中提出,又可出产煤气,充燃料之用,且鞍山铁厂,其铁矿成分,仅占百分之四十以上,按照矿质而论,铁矿当合铁质百分之五十以上,方能合格,然日人经之营之,不遗余力,卒能利用此较劣矿质制成钢铁。即此可见外人之办事精神,能以百折不回之果决,战胜种种困难,虽中日现在发生战争,但日人此种精神,殊不可及,此可为吾人取镜者也。该厂办事精细,招待外宾,亦属质朴不浮,鄙人前往考察之时,承该厂招宴,进餐时,仅有咖啡一巨盉,此外即为牛排面包,别无珍品,牛肉且冷而不热,宴客如此,平日之俭约可知。鄙人又在美国至一炼银厂参观,系于铜质中提炼白银,该厂经理亦邀鄙人进餐,其饭厅之规模,略与鞍山铁矿相似,肴核虽较盛于鞍山,然亦皆寻常之品,又可见外人起居饮食之俭。现在本行自建新屋,宏爽高敞,冬有水汀,夏有电扇,进餐时肴馔多而且美,其他之日用起居,亦无不以物质文明,谋同人之舒适,然按实际言之,此种舒适,实于同人有损无益,享受既惯,习性已成,他日如调至内地分行办事,或半途与本行分手,又将如何度日?非若鄙人等早年均从艰苦中来,他日即令环境变更,亦无所苦,诸君幸深思此语,勿以目前之享受为乐,而忘却从前之艰苦,忽视未来之困难也。

本行新编之各种存放款情形一书,诸君已阅过否?此书详载本行存款之情形,及其比较,并有各项图表以说明之。苟详阅此书,即对本行业务,一目了然,假使有人询问,当可按图索骥,详晰应付。倘遇顾客询问存款若干,放款若干,而不能答覆,讵不为人所笑。故同人乘此略为闲暇之时,宜悉心研究本行业务之情形,探讨有用之典籍,以备将来实用。光阴瞬逝,一去即不可复来,幸勿虚掷此有用之光阴。

一九三二年四月二十一日

本行各外国公司之存款,集有成数,即为提去,此虽表示其尚未完全信任我行之意,然得来已属不易。我国连年内战,益以外侮,外人之不信任华商银行,亦无足怪。但天下事在人为,今日虽为外人轻视,但能尽其在我,竭力从服务社会,推广信用上做去,基础日见稳固,外人自有完全信托之时。回忆本行创始之初,资本仅有十万,局面极小,中外商家,对我皆不重视,而经吾人十七年之奋斗,资本已增加至五百万元,设再加以十年二十年之扩充,或再加增资本数百万元,何患不能得人信用?吾人做事问心无愧,就安心做去,但亦不免受他人背后之讥评,此不必引为忿懑,亦不必心怀不平,当知刺激之深,益足以磨砺吾人之志气,而鞭策吾人之进步也。

本行新屋,合自用与租出之两部分计之,每日用煤不少,管理者应详为考察煤价之高下,及煤质之良窳,燃力之优劣,能否适用于此种锅炉,加以计划,俾资撙节。又租出部分,夜间仍须燃煤,而自用部分,则夜间可以节省燃料,应设法截断其两部分通连之管,而另置锅炉,是亦撙节经费之一端也。

中国旅行社所发行之旅行杂志,稿件甚佳,编辑亦善,惟广告不多,亟宜设法推广。如本埠旅社饭店,与旅行有密切之关系,宜设法与之接近,兜揽广告,如彼等不欲刊登,则尽可先行送刊,以博感情,如此办法,必可达到推广之希望。再旅行社有如此精美之杂志,亦宜先在南洋各埠择人赠阅,国内之厦门、汕头等处,并可随时推行,庶几令人知中国旅行社能为中外人民服务,于业务上不无裨益也。

八仙桥分行左近之旅馆极多,而旅行支票之业务,不甚发达,大约旅客对于本行旅行支票之性质,尚未完全明了,以后应妥为招揽,务令各旅馆中之旅客,多数能与我发生关系。如旅行支票也,汇款也,往来也,领取支票也,多生一种关系,即增加吾人一分服务社会之机会,是在同人之善为研究而已。吾人既供职于银行,即当为银行研究推广业务之法,以求本身地位之增高,若早来晚去,徒为机械式之工作,则不进即退,未免虚度此大好之光阴矣。

(《海光》四卷五期,1932 年)

一九三二年五月二十二日

此次来汉,与诸同人晤谈多次,较在沪相见之时,反多接谈机会,因在沪时,余以事务较繁,无暇久谈。今所欲与诸君告者约有五端:

(一)在此种天灾内讧外患相逼而来之环境中,银行决难积极发展,深盼妥慎办理,以维持现状为原则。但于维持现状中,仍不应忘发展之准备,今年如能丰收,则下半年业务尚可稍有希望,得苏喘息,在上期已无生意可做,但能不做生意而维持现状,不致吃亏,深望共体此意。

现在虽谆嘱不做生意,维持现状,但绝非停止营业之意,苟不担风险之业务,仍可酌量进行,即如汇款一项,虽感调拨上之困难,然风险绝少,自当设法尽量发展。汇款全赖各地币值之差额,应熟悉各地行市,方有把握。此次与余同船来汉者,有一外商银行之西人,余与谈话,询以该行营业情形,彼云,该行今年必能获利,因沪行大班前在纽约伦敦及孟买三处之银行中,办事多年,对于他地商情行市,均能了如指掌,汇兑可操必胜之券云云。此项人才,亦正为我行所需,惟不可多得耳。

(二)际此金融呆滞之际,随时有发生恐慌之可能,各分行须厚集准备,以为万一之用,应按总行历次通告办理。

(三)总行现拟派视察员四人,分往各分行处视察,现已派定二人。因余对各分行之大体情形,固能明了,而对业务详细状况,或未免尚有隔膜,故设立视察员,以期业务有所改善,并可因此而使总分行间免去隔阂,希望合作。

第(四)点甲项,旅行社为本行重要事业,粤汉铁路迟早必须通车,湘行亟应预设旅行社,为将来通车后之基础。至于沙市宜昌各处,如能分设旅行社,亦当随时举办。

第(四)点乙项,保险事业,在我国尚属幼稚,我行有关之保险公司为:(1)大华保险公司,三年以来,尚有盈余。(2)中国第一信用保险公司,专为信用上之保险,英美烟公司太古洋行等外商公司职员均已投保。(3)宝丰保险公司,本行与太古各投资二十万元,零股十万元,共五十万元,汉口已设立分公司,所得社会之反响,颇为良好。

就余观察,将来保险业务之发展,颇有希望,在长江一带分行,随时注意推广。查保险一业，每年吾国保费之流入外国者，有二千万元，现能自办，不但可以杜塞漏卮，且可为青年多谋出路。

（五）太古为极大组织之公司，办有糖厂、轮船、堆栈、保险、码头，并为汇丰银行股东，近来与我行颇能合作，请各分行随地与之联络，以收互助之效。

一九三二年九月八日

调查科之复核调查表，每易犯一流弊，仅审核其填写是否合式，而于其内容，不加深切之稽考，而研究其是否确实。既不知其内容，自无从加以纠正，即觉有不实不尽之处，亦为模糊之印象，不能一语破的，予以揭发，此种依样葫芦之工作，未免感觉枯燥。据某君云："营业员所填之调查表，为兜揽生意起见，均系照式填写"，但复核者，应就其内容，详晰复查，譬如本人有颜料业之亲友，常常往来，较为接近，则可对颜料业各号，详为调查，各该号营业若何，资本若干，股东何人，各人之经济情形家庭状况若何，如由此渐推及于其他各业，行之积年累月，咸有相当之认识。倘遇调查表有不实不尽之处，即可立时指出谓某项如何错误，某项如何不符，使人心悦诚服。如本身对各业之认识尚不充分，非特无从纠正，即指出之误点，亦难服人。故凡事须于枯燥中生出调节之方，俾于无可生发之中，发生兴味，本身既获知识，而于行务亦增效用。否则如此单调之工作，绝无生发，安能不感枯燥？

外国银行有托本行代为调查某号内容，倘我仅据调查表所载以答复之，其中即可发生危险，假如甲公司与乙银行有往来，乙银行已贷给款项，而甲公司之内容并不见佳，因此而又欲与丙银行往来，丙银行以甲公司为乙银行之多年顾客，特向乙银行调查其内容，乙银行表面证明其殷实，丙银行因乙银行之证明，遂亦与往来，其结果乃为甲公司贷丙还乙，乙银行之贷款收回，而丙银行乃受其影响，况吾人对此项调查表，如未必确信其为可靠，倘即据此以答复他人,未免太不忠实,是应戒免。

余尝见某医士验血,极其迅速,惊叹其医术之精。后有友告我,谓彼何尝检验,不过虚填一表,填明红血输若干,白血输若干,以及其他若干而已。余闻之恍然大悟,在友人未告之前,余但知赞其医术之高明,何尝知其竟未检验耶? 所谓不经一事,不长一智是也。

人生最难得者是机会,而机会又如风卷云驰,瞬息即逝,苟不急起直追,则机会将立时失去,永不复来。训练班诸君,得此求学机会,疑问可以剖析,不知之事可以询问,实大不易,万不可听其失去。若我辈当年求学,何尝有人可问,即问亦无人肯答,惟有自行揣摩,从黑暗中觅取光明之路耳。

余此次在青岛听戏数次,观马连良之《借东风》《一捧雪》《甘露寺》等剧,觉其唱做均甚不易。可知演剧一事,伶人欲出人头地,亦甚艰难,与办银行者相仿。办银行只求敷衍不难,只求牟利亦不难,然而银行有银行使命,有银行之天职,如欲尽其天职以行其使命,则欲达到目的,其难有甚于伶工之演剧。

此种聚餐会晤,在座者,原无职务之高下,自总经理以至学生,人人俱可自由发表意见,并随意与任何人谈话,一律平等。诸君当知在职务上虽有阶级之殊,然而所谓阶级,不过表示其一种责任,实际上人人平等,诸君尽可在聚餐时,发挥平等精神。

一九三二年九月二十二日

近来信托部之保管箱,全部租出,供不应求,顾客有向隅者,业先登记,以待新箱之装置。新箱虽可于短期中装就,而吾人对于顾客,终觉抱歉,因此余将自己租用之保管箱首先让出,俾顾客得以尽先租用。顷间朱君亦慨然愿将保管箱让出,余极为赞许,必须具有此种精神,方能贯澈服务社会之宗旨。故本行同人,皆应以本行为重,所谓公而忘私也。

银行人员最重要事务，即为联络顾客之感情，勿令发生不良印象，尤勿以为执业银行，地位甚高，而有轻慢顾客之念。须知顾客均有亲友，设吾人偶失和蔼谦恭之态，顾客留此不良印象，必将传说于其亲友，则对我行留不良印象者益多，浸假顾客之亲友再为辗转传说，则影响何等重大。勿以轻慢一二人为事甚小，而轻轻略过。服务之范围极广，不为顾客服务，而反以轻慢粗疏之态度施诸顾客，斯为违背行训，蔑视纪纲，此断断不可者。

西门分行附近，学校较多，与我行往来者亦夥，尤宜谦恭接待，和气迎人，一有不周，教育界朋友更多，不可不格外注意。近来社会对于银行，颇不满意，大约以银行拥有多金，而不能尽量投资于工商各业为憾。然银行所运用之资金，并非股东所有，而为存户所委托，不得不依照性质，审慎从事。吾人在此情形下，接待顾客，更宜小心翼翼，如有开罪，较之开罪于股东董事经理之问题，尤为严重，同人共体此意，幸勿视为老生常谈。

去年今日，正为提存风潮发动之时，其时沪市忽对本行制造谣言，谓本行之汉口分行，在水灾中损失数百万元，总行在标金及公债上又损失千余万元，此种谣诼之来，亦有数种原因：第一，各省水灾，第二，九一八沈阳事变，第三，去年昨日英国废止金本位。综此三项原因，同时又继以公债之暴跌，于是谣言蜂起，酿成风潮，数星期中，存款减少至二千万元。然本行实力充足，准备丰盈，经过数星期之应付，社会已知本行实力之可恃，风潮渐见平息。在提存时期中，大都改存汇丰银行，汇丰买办曾向浙江实业银行谈及，谓此次华人存入汇丰之款，皆非从兴业实业两行提出，而悉由上海银行提出，可见当时风潮之烈。吾国经济，本来落后，存户之积蓄，皆历年惨淡经营所聚，虽欲维护本国人事业，但遇有谣言，纷纷搬至外国银行，此亦人情之常，未可非难。自去年九月二十二日至今日，屈指已达一年，各项存款，虽已恢复，吾人仍当牢记，不可忘却，用以策励迈进。吾国人每事过境迁，即淡然忘其以往所受之教训，此实不宜。

今日吾人苟开罪顾客,亦仍有令顾客提出存款,改存外国银行之可能。外商银行与华商银行并立,伺机竞争,人人认为可虑,余独认为可喜,盖外商银行与吾人并立,不啻为华商银行之监督机关,足令华商银行自动生其戒惧谨慎之心,而防止不宜之行动,讵非佳事? 故余不以为忧,而以为可喜。

储蓄与存款两部之收付人员,对顾客应设法与之攀谈,攀谈者,乃向之周旋亲近之意。即非收付款项之人员,亦可与相识之顾客设法攀谈,不必作长篇大论之言,有一二语之应酬,即可表示好感,未尝不令顾客精神愉快。

我行所以采用机器者,特取其速而不误,但机器是死的,人是活的,只知利用机器之速而不误,而不知运用人之脑筋手腕,是人亦变为机器矣。顾客光临时,见此机器式之机器,与机器式之人,安能发生好感? 故机器一成不变,而人则可以积极发挥其手与脑,庶不致成为机器式之人。余近来迭接外界来函,详论本行对顾客之缺点,有关八仙桥分行者,有关总行者,顾客遇有不满意之事,而肯具函相告,其对本行,仍抱热心,希望我之改良进步,我行应对之表示感激。倘不肯函告,仅个人指摘我行不合之点,则我行不知,反无从改良。

一九三六年八月

乙、对外

(一) 全体业务之推进。凡百事业,皆在竞争之中,我国银行事业亦已趋入剧烈竞争之途,吾人应努力于竞争中以求生存。本行二十年前,以小小资本而获得今日之成就,即在二十年如一日,上下一致,不断研究,不断进取,行务遂能与日俱进,随时随地开风气之先,重服务,办储蓄,推进押汇,倡办旅行社,处处谋应社会之需要,以求业务之健全发展。过去如此,今日亦当如此,将来更当如此。故今后各行处，上自经理，下至员生，务须秉承过去之精神，对于全行业务，一致推进。就中如利用已有顾客，利用汇兑而增加存款，利用信托招徕储蓄，利用服务而增进行务，研究顾客心理，适合社会需要，应付经济环境，保持本行令誉，则虽处千军万马之中，斗争剧烈之场，行务尽可蒸蒸日上，出人头地，此吾人可敢断言者也。

（二）押放款之特别注意。银行业务，一方固须策进存款之增加，而一方尤须求放款之确实。本行今日权其二者之轻重，更在放款之流动安全。存款之多，固为本行之竞争武器，而放款之流动安全，尤为本行之最大武器。今后呆倒之帐，须绝对防止，上面已经谈过，非力求其实现不可。但欲阻止呆帐之发生，则全在平日押放款之特别注意，过去之呆帐，已给与吾人最高代价之经验。故自今日而后，全行各行处负责人员，务须日夜警惕，触目惊心，随时随地，切记下举各条：

（1）努力求认识商品。研究其来源、去路、品质、产量、交易习惯，以及各种陋规。就中如棉花、棉纱、棉布、杂粮、米、麦、面粉、食盐、糖类、蛋品、桐油、茶叶、大豆等等，人生衣食住所必需之商品，尤为吾人日常之课程，为不可一日忽略者也。

（2）注意信用调查。银行业务之两大原则，即在受信与授信。本身无信用，固无资格受托社会之资金，顾客无信用，更不可与其往来，信用实为金融界之原动力。历来呆帐之发生，端在经手人未能充分注意信用之调查。故今后各行处经理主任，务须对于各当地往来行家与个人，切实调查其信用，编制信用记录及倒账人名录，秘密保存。此对人信用，所以补对物信用之不足，不可不切实注意者也。

（3）商品押款之要则。同是商品押款，此中大有分寸，应付稍一不慎，往往贻患甚巨。举其要则，如冷门货不可做，估价须以实进净价为标准，折扣须预留买卖佣金、上下力、利息、保险费等各项费用，市价之涨跌与断然处分，押款须以实际市价为准则，并须注意税单、提单、仓单、保险单等必要之证据,诸如此类,要在经手人细心考察,庶几可策安全也。

(4)堆栈之严密管理。堆栈之作用有二,一则借以招徕押款,一则所以保护押款。然货物种类甚多,经营方法亦异,而此种陋规恶习,比处皆是,管理稍一疏忽,银行押款即受其祸。故今后对于各地堆栈,务须严密管理,以策万全,外栈货物之不能做押款,即此意也。

(三)谋收益之确实增加。银行虽非贪得厚利之机关,实为营利机关,决非慈善事业。其资金来源,不外两种,即一为股本,一为存款。股本须付股息,存款须付利息,若无切实可靠之收益,既不足以应股息与利息,亦不足应各项开支。节省开支,固为消极的增加收益,然开支之节省,自有一定限度,故银行须谋积极的增加收益,始可维持事业于无穷。

(四)经济环境之应付。我国自改革币制以来,经济环境,日在转变移动之中。以前交通未发达,消息不灵通,事业范围不广大,各种法规未釐订,经济社会之变化极微,凡百事业,容易应付。今后则不然。交通渐次发达,消息日见灵通,事业范围日趋扩大,国家法令日有颁布,就中最与银行事业有切身关系者,如通货之如何管理,中央银行之如何组织,特殊银行之如何产生,商业银行之如何前进,信用膨胀抑通货膨胀,自由经济抑统制经济,棉纺织工业管理局之成立,与金融业发生若何关系,农本局之创办,与银行业有何影响,他如全国经济委员会之设施,国民经济建设之运动,军需工业之创办,进出口贸易之如何增加,此不过举其重且大者而言。此外国家一切经济设施,无不与银行事业发生密切之关系。何况国外经济之各种波动,更千变万化,层出不穷,在在皆为从事银行业者所不可不加以研究者。不然,决难应付今后之环境。山西票号,方其盛时,固一世之雄也,因不能应付辛亥革命后经济社会之转变环境,遂致没落,于是银号钱庄代之而起。然银号与钱庄，又因不能应付废两改元之经济转变，今日亦已成强弩之末，新式银行乃代之而起。至银行今后在剧烈生存竞争之中，当然亦支配于优胜劣败之原则下。能追随经济社会之转变，能应付今后之经济环境，自必与日俱进，乘风破浪，光大发扬，进而执金融界之牛耳。否则醉生梦死，好安逸，求舒服，得过且过，不能追随经济潮流，当然在淘汰之列。以行而言，不能应付经济环境，即为落伍之行。以人而言，不能研究经济环境，即为落伍之人。天助自助者，决不赖他人之扶助，此更为全行同人所急宜警醒而从事努力者也。

（如无特别注明，均选自《陈光甫先生言论集》，1949年）

编后絮语

　　一家优秀的商业银行，必然在经营管理上有值得研究的成功之道。在近代中国金融史上，上海商业储蓄银行在业务经营中的不少举措，都具有相当大的影响力和示范性。例如通过行员持股等形式增加资本数额，设立本行调查部，开办中国旅行社和中国第一保险公司，创办信用小借款，支持农村合作事业，开发旅行支票等等，在为社会提供优质服务的同时，极大地开拓了银行自身的业务渠道。在陈光甫先生的谈话中，既有对不同时期经济环境的判断与思考，也有对诸如柜面文明服务、记账数码整齐、谣言应对、新屋建造与管理等细节的关注。所谓"从大处着眼，从小处入手"，或许也是所有成功银行家的必备素质。

霍宝树（1895~1963）

字亚民，原籍广东新会，清光绪二十一年（1895年）生于上海。1912年入安庆教会中学，上海私立圣约翰书院肄业，1923年赴美国留学，入伊利诺伊州立大学学习运输管理，1925年转学至费城宾夕法尼亚大学及屯卜尔大学，次年获硕士学位。1932年1月任中国银行总管理处业务管理第一室分区稽核，1935年任副总稽核，1943年任总稽核。1947年任中国银行代理副总经理，仍兼任总稽核，并被派为中国银行官股董事。1948年8月国民政府发行金圆券，宋子文任经济管制委员会广州区督导员，特约其驻广州主持督导工作。1949年底卸任中国银行代理副总经理职务，派驻华盛顿任"中国技术团"主任。1963年12月因病在美国去世。

闽江一夕谈

——在福支行之谈话

去年兄弟曾到此地，与诸同仁相聚数日。光阴如驶，忽忽又经一年。此次总经理北上，回沪时候，适值闽省发生政变。沪上谣言甚炽，报章纷纭，闻之甚以为念。嗣接福州、厦门、泉州各行报告闽局现状，及挤兑情形，总经理因悬念诸同仁当兹政变，应付各方，备极劳苦，特派兄弟到此观察，并为慰劳。

奉命之日，即摒挡一切，首途来闽。当时因无船只来福，故先买棹赴厦，到厦港时，见四周鸦雀无声，小划子形影杳然。闻船上人语，复计划直开香港消息。兄弟此时心中暗度，地方秩序，必呈纷乱之状，然抱定决心，再行探望江干有无船只。见海关、邮政两汽船迟迟而来，有十数青年，登轮作严密的检查。登陆后，复见市民成群结队，正在游行，秩序尚安，心为稍慰。旋抵闽行，与同人晤谈，倍觉亲密，均以总处能在险急之时，派员出来，更感欣慰。

次日，闻泉州发生飞机掷弹之事，兄弟赴泉之心，勃然而生。至泉支行时，适有十九路军飞机两架飞过，该处人民误为中央飞机又到，相率惊避。风声鹤唳，于此可见。昨日兄弟到了此间，见诸同仁夙夜从公，精神上异常兴奋，尤能镇静应付。至业务方面，外间对我行钞票经挤兑后，更增信用。虽有提存，但新立存户，仍属不少，足征各界对于本行信仰之殷，平素本行对于各界服务之勤，业务前途，实大有望。现在此地一切情形，极为明了。

回忆曾听总经理面谈，当东省九一八事变之日，总经理适驻大连，因闻事变，即拟视赴沈阳视察，旁人以该地军事紧张，力阻勿往，但总经理以行务为重，不惮烦劳，不避险阻，奋勇直前，当时东省情形，较诸福建目下状况，更为严重，总经理毫不畏难。故兄弟亦当秉承总经理大无畏之精神，不敢偷安，即南来一视，借与诸同仁共聚一堂，并得研究业务改进办法。

近年以来，总处对于维护商业，提倡工业，救济农村，甚为注重。"工业方面"，不止业务上助其发展，如经济上之援助，技术人才之推广，同时关于国货推销方面，亦竭力代为筹划。故去岁沪上除大纱厂、面粉厂外，各国货工厂，多有盈余。至我行协助之中国国货公司，经营一载，成绩甚佳。查上海百货公司营业之发达，首推永安、先施两公司，次则新新公司。自国货公司成立后，贸易发达，几与永安、先施并驾齐驱，计每日售货约达万元之谱。就上海看来，成绩已有如此之佳，日后再经各地组织国货公司及国货介绍所，并由我行极力助其发展，将来结果，要构成用款的工厂，变为存款的工厂，欠户变为存户。则此种业务收效，岂不伟哉？我行与他行办法，稍有不同。我行对于各厂业务上、效率上、组织上悉心研究，并不惮烦，只要我行于经济上、业务上、技术上可以帮助，无不尽力，则双方感情自非寻常可比。故一般社会的舆论，中国银行是大家的银行，是为社会服务的银行，现更进一步不止帮大工厂的忙，亦要帮小工业的忙。从前他们小工业多裹足不前，看见银行高大洋楼，不敢上门，原因系我行不知重视，现在要耐烦招揽，务使其满意，助以小数目之放款，使今日中国之小工业，成为他日之大工业。莫谓大工业可辅助，小工业不可辅助也。

至"农业方面"，应救济农村。我行第一步办法，则试办物产仓库。对于仓库，最注意的，不止进口，如普通押汇，亦须土产出口，如米、茶、棉、丝、麦、杂粮，在内地出产者，帮助运出；对于集散中心，举办仓库。承做押款，即能稳定时价。价格低落时，我们可以贷与农民款项，减轻利息，俟价格涨高时，听其售卖，收还放款。我行在江浙、华北各处所办仓库,已具规模。至于福州农村方面而论,譬如出产品,在时价太低时,仓库可以收押品,俟价格高涨,我们为之运往售卖,取其利息、仓租、运费。在农民方面,亦可多赚利益。

对于"商业方面",如押汇短期放款,利息应较市面公道,助其发展。在我们中国银行的立场,过去事实,表现出我行为社会服务的精神,无论何人来同谈话,我们可大声的告诉他们,这些事实是我们对于生产者之援助,只要他们觉得中国银行在现在中国社会改进中地位之重要。我们当然自己奋勉,加倍努力。

总之,际兹国家多难,祸变叠生,我同仁惟有一心一意,共济同舟,力持镇静态度。我们能处镇静,则应付裕如。金融亦因之安定,社会亦得资安宁。如是福支行二十几位同仁,好比是福州金融界有二十几万精兵,仍望镇静以处之,努力以赴之,共同维护,巩固行基,任何风雨飘摇,我行屹然不动。此则总经理及总处同仁所厚望焉。

(《中行生活》二十三期,1934年)

海南岛中的一夕话

我们中国银行自从大清银行改组以来,到了现在差不多有二十多年的历史,单说琼州中行在这里也有二十年了。总经理时时都想到琼州来看一次,但因为有很多不甚便当的地方,第一是这里交通不方便,来一趟需时二三星期;第二是总处事务太忙,出来机会不多,所以未能实行。兄弟第一次是到汕头,第二次是去年到香港,老早就想到琼州来看看,因为船期关系,同时那时候也有点事,延迟至今,方克与诸位见面谈天。

论到银行的性质,是随时代前进的,发展非常迅速,琼州这里的一班同事,有的到过管辖行,有的连别的地方都没有到过,有的对于总处情形,没有十分明了,有的仅由《中行生活》得到些片断的消息,究竟都还不甚亲切。我们这一次到这里,好像从家中出来,现在将家里的事和诸位直接谈谈,比较诸位由《中行生活》里所读的,当更可了解一点。我们秉着总经理诚挚的希望,个个行员都要能够完全明了本行的情形和社会的一切,所以这一次先到香港,后到广州、汕头、厦门和泉州,然后由香港再折回到这里来看看,想诸位大概早已经知道有人要来琼州,同时我们家里事,诸位一定也欢喜听听;兄弟所以无论如何都要来琼一次,把总处和外面的情形,与诸位当面谈谈,总经理对于外面的同事都很关心,不过对于来琼方面机会很少。我们先将本行过去、现在和未来的大概,和诸位说说。

中国银行的情形在以前,好似戴了一顶纱帽,因为那时候国家的金库和发行的权利,统在我们的掌握,所有公家的款项,大致亦由我行出入,因此业务方面,没有什么迁就。自从革命以后,从前那一顶纱帽,就起了变动,跟着中央银行亦即成立,因此过去所有的利益,差不多也随着消失了。在这二十多年的当中,总经理都是为着行事而息息不停的奋斗和关怀。

我们更要知道的,是这几年银行与社会已经发生了很密切的关系,国内四万万的人口,差不多每个人和中行都有些关系,而各地中国银行对于当地一切尤应认识清楚,谋与社会接近,与主顾发生好感。

中国银行的地位,和以前的立场有些不同。因为我们现已不是纯粹国家银行的性质,我们重要的营业,是汇兑、存款、放款和收税种种。收税也是特别的情形,有中央银行的地方,我们就没有税收权利;再说我们和海关比较,那就大不相同,海关有可以摆架子的资格,我们就没有,非得要与人特别和悦,对于手续,更要给商人种种的便利。至于存汇方法,当求安全敏捷。外面一般人对我行,怎么有这样的信用呢？缘于他们信用我们存款稳固和安全罢了！就是放款出去，利息也比较小，人家委托我们存款，目的是在安全，虽然利息低些，人家也是欢喜的。譬如一个地方，同时有三家银行，人家利息高，但是不及我们稳固，我行利息低，比较人家安全，在这个情形之中，我们更要设法去谋顾客的种种便利，我们便利过人家，稳固过人家，就是利息少一点，顾客总能来照顾我行，人家办理一张支票取款的时间，要花五分钟，我们就得研究到只用两分钟的功夫，就可办完。

顾客有不了解和不明白的地方，我们应当尽量地解释给他们，并且要在我们可能的范围之内，予顾客以增进好感的方法。汇款的汇水，时常都有高低，因此就发生同业间的竞争，我们要注意的，是处处要表示出诚意和谦和的态度。香港、厦门和广州最近新开的银行，日见增多，同业竞争在所难免，琼州虽然是在海洋的中间，但是给我们发展的机会很多，我们对于柜台上的顾客，要特别注意，丝毫不能得罪他们，我们行员的一切行动，完全是代表整个行的，很受外面人家注意和批评的焦点，要是得罪了顾客，间接即是得罪了中国银行，同时也即是得罪了自己。

总之我们琼州现在的利益，差不多都是靠着海关，如果将来中央银行跑到这里来，接收海关的税收，那时候我们琼州行岂不要另辟途径，希望赵主任和诸位同人，对于业务因此要更加注意。以前王主任所做的押汇等等，固然不错，但是要从实际及稳健地方着手，根基才能巩固，诸位有些时间不妨研究研究。海口是在琼山县当中，人口虽然不多，但是现在在内地各处公路差不多都可通行，将来内地田土计划实现，全岛十三县整理起来，琼崖前途是有很大希望的。

大凡在一个地方办事，一定要明了地方上的情形，尤其是要注意当地经济和社会的状况，人口的密度，华侨的现势，当地的出产，和货物出入口等，一切都是与我们中行有很大的关系，诸位先要明白清楚以后,生意才有下手的地步。譬如有人来行里问,这里和湖南的押汇怎样,或问琼州"椰子油"出产的情形,我们如果不能回答清楚,岂不是难以为情?总经理时常说,我们中行有三千左右行员,要个个都明了中国银行与社会的关系,琼州中国银行同仁亦应如是,我们更应当懂得现在世界竞争的情形怎样。对于顾客们应给予好感,已如前述,但是好感的意思,不是人家来这里借款,我们就马上借给他们,我们应该知道顾客的情形,和我们家里自己的困难地方,兼筹并顾,好好的应付才好。

这里青年的行员也不少,宜先从修养上做些功夫,研究过去的历史,探讨未来的学术,和明了各国的形势。中国银行弄得好,就是社会好;社会好,就是全中国好。总经理也曾说:"我们银行,好似全部的机器,我们行员,好似机器中的零件,或是螺蛳钉配合而成,若是缺了一个,或是坏了一些,那末全部的机器,就不会转动了。可是零件和螺蛳钉对于全部机器的重要性,一如银行员之对于银行,因此本行同人,个个须有完全的知识、技能,就如机器一样,不能有一丝一毫地方发生些微阻碍。"这皆是我们家里的话,诸位听着家里话,不是和听总经理的话一样吗?兄弟所说的一无精意,不过本总经理时常所讲的,来作一个传声筒而已。

(《中行生活》三十五期,1935 年)

编后絮语

对各行各业的金融支持,必须要有明确的思路和有效的措施。工业方面,除了经济援助和技术人才推广外,推销国货即是一种好办法,最终的目的,"要构成用款的工厂,变为存款的工厂,欠户变为存户";农业方面,应救济农村,试办物产仓库,如此银行方面有利,"在农民方面,亦可多赚利益";商业方面,如押汇短期放款,"利息应较市面公道,助其发展"。此外,因中国银行的纯粹国家银行性质发生了很大变化,经营策略也应发生相应调整,比如应更多注意服务态度的改善等等。霍宝树先生的观点,颇具一个金融专家的战略眼光,指导性也相当强。

金润泉（1878~1954）

　　名百顺，浙江萧山人，清光绪四年（1878）生，早年任职于杭州乾泰、同兴、裕源、宝泰钱庄，后任大清银行浙江分行经理。辛亥革命后，任南京中央银行总行营业部经理。1913年任中国银行杭州分行经理，后任杭州造币厂厂长。1933年在杭州开设浙江建业银行，自任董事长。1934年任上海至中商业储蓄银行监察人，浙江地方银行董事。1935年在杭州开设两浙商业银行，任董事长。同年为杭州诚昌钱庄、义昌元记钱庄、义源钱庄、益昌钱庄股东之一。全面抗战初期，任国民政府救国公债浙江筹募委员会和四行联合贴放委员会主任委员。1942年受聘为第三战区经济委员会副主任委员。抗战胜利后，仍任两浙商业银行董事长。1948年任中国银行董事兼杭州分行经理、杭州市银行商业同业公会理事长。1945年5月后，留任中国银行董事和杭州分行经理，1952年分行撤销后，任总行赴外稽核。1954年因病在上海去世。

浙属各行,地处前方,亦即于战后应为复员之前驱,故一俟抗战胜利,宣告复员,必宜贯彻本行奉行国策与服务社会之素旨,尽速以赴,使业务推进,得着先鞭。兹以在战后初期,即于战事终了后半年内,完成撤退行处之复业及裁撤行处之复设为目标,拟定复员计划如次:

甲、机构

浙属管辖区域,原为浙江全省,并包括密接浙境之皖南及苏省盛泽,赣省玉山等地。分支机构在战前,计有浙行(包括湖墅仓库,临津仓库、莫干山暑期办事处);甬支行、鄞处、姚处、海处,舟处(包括普陀暑期办事处);绍支行、华处、嵊处;嘉支行、盛处,硖处;湖支行(包括菱湖仓库);温支行、鳌处;兰支行、金处、衢处、严处;屯支行、歙处等 21 单位。加战时新设机构:丽处、於处、玉分处及龙游、江山、常山、遂安、寿昌、开化、诸暨七简储处,总共 31 单位。在浙行统辖下,由甬、绍、嘉、湖、温、兰、屯 7 个支行分辖之。

战后浙属机构之分布及恢复,拟定如下:

一、战时在原地营业之行处,温、丽、衢、於、屯、歙仍在原址。海即由临海县城移回海门,均照常营业。

二、于战时撤退后方之行处,浙、甬、绍、嵊、兰、金均即迁回原地复业,并为表现本行服务精神,应尽可能赶先复业。浙行尤宜随军事节节胜利,逐步向前推进,以便居中策划全浙属复员事宜。

三、于战时暂行裁撤之行处:鄞、姚、舟、严、玉应首先恢复,惟玉如浙赣铁路借款移转交行,不再复设。至华、鳌因过去业务未见开展,又龙游等 7 简储处,原系寄设于本行辅设之各该县合作金库,现合库已随农贷移转农行辅设,在战后初期,均暂缓恢复,将来有无复设必要,先调查各该地情形,俟第二期酌定之。

四、于战时沦陷之行处,嘉湖两支行及已裁并于嘉支行之盛、硖二处,均于战后即在原址复设机构,其固有资产负债如何整理,从政府核定办法。

依上拟议,浙属机构,于战后初期复员后,计为:浙、甬、鄞、姚、海、舟、绍、嵊、嘉、盛、硖、湖、温、丽、兰、金、衢、玉、严、於、屯、歙共22单位。至添设机构,于第二期筹划进行。

关于管辖问题。查本行国内分支机构已遍及全国都市及重要城镇,战后复员划分国内管辖区域,为求管理之便利,每一分行辖区,似不宜过广,以相当于两省之地区为宜。至分行所属之支行,应视交通及经济状况,酌量设置,便为合理之分布。浙属于战后,如仍照原辖范围,则拟(一)甬、温、屯仍设支行;(二)兰自浙赣铁路敷设后,其地位已不若金华,拟予改为办事处,而在金华设支行;(三)嘉、湖、绍均距杭甚近,且经沦陷,均拟暂改为直辖办事处,俟业务有相当进展时,再予升格为支行;(四)嵊处虽有复业必要,但衡其过去业务情形,可予缩小范围,改为办事分处;(五)於潜在战时,因当地为浙西行政中心,故地位随之重要,战后自必改观,初期拟减少人手,暂维现状,俟半年后,酌视情形,或改组分处,或予裁撤。兹将浙属机构管辖系统列如下表:

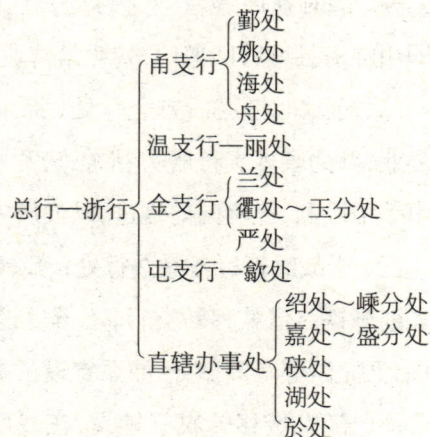

```
                    ┌ 鄞处
           ┌ 甬支行 ┤ 姚处
           │        │ 海处
           │        └ 舟处
           │
           ├ 温支行—丽处
           │
           │        ┌ 兰处
总行—浙行 ┤ 金支行 ┤ 衢处～玉分处
           │        └ 严处
           │
           ├ 屯支行—歙处
           │
           │            ┌ 绍处～嵊分处
           │            │ 嘉处～盛分处
           └ 直辖办事处 ┤ 硖处
                        │ 湖处
                        └ 於处
```

乙、人事

浙属在战前，原有员生总数343人，因战时机构裁并及撤退，迭经调整，截至三十二年六月底止减少155人，为188人。战后人员之配备，参照战前情形，假定分行为70人（包括额外预备补充人员），支行平均每行20人，办事处10人，办事分处5人，则浙属战后复员需员生总数如下：

行处	单位数	共需员额
分行	1	70
支行	4	80
办事处	14	140
办事分处	3	15
合计	22	305

以上匡计，共需305人，除现有人数188人，尚应补充117人。欲战后复员，能依本计划尽速如期完成，第一须将所需补充人员在战事结束前，先事准备。按工作分类，需要员额如下：

一、外汇人员10人：浙属外汇人才，最为缺乏，战后本行对于外汇业务，自必须积极推动，此项人员应请总处遴派或征用分发，以大学毕业、深通外国语文，具有办理外汇之经验，或曾在总处国外部实习相当时期者为合格。

二、文书人员20人：浙属文书人员亦颇感缺乏，每致调补为难。此项人员，除具有一般常识及经济知识外，必须于国文有相当根底，方克胜任。拟就地征考，以具有高中以上学校毕业程度，常识丰富，文翰清通，书法端秀，并有办理文书工作之经验者为合格。录取后，以助员任用，其能力特优者，亦得以办事员任用。

三、一般工作中级人员30人至40人：此项人员，指具有办理会计、营业、出纳之能力与经验者而言，复员时，自亦甚为需要。在浙属战时遣散之留资人员中，不乏此种人才，于战后拟量予召回服务。此外，拟请总处就内地联行敷余人员中调派。如无法抽调，或调不足额，拟就地征用或采考试方法，或就介绍者检核考询，择优进用，以高中以上学校毕业，曾在金融或实业机关服务，有丰富经验，并熟谙会计者为合格，按其能力经验，分别以办事员或助员任用。

四、练习生50至60人：一般低级助理人员，以征用练习生，加以训练为最宜，不独人事开支可较节省，且青年学生易于造就，拟就地分次征考高中毕业生，于考试后，施以一个月至两个月之集中训练，再予分派工作。

又战后复员为充实中级干部，并宜就固有中级、低级行员中，选其能力优长，堪以派充主管一部分事务之职位者，由浙行施以训练。尤其会计营业人员，本已具有充分之簿记经验，并已熟谙业务处理手续，如再授以会计及金融货币、国际贸易等，属于原理方面之学识，俾能豁然贯通，则于战后复员，调充重要职务，必更胜任愉快，于达成战后本行业务上之新使命，亦有裨益。

至全浙属警工总数，在战前计有227人，现为139人，战后复员，按过去配备情形，分行40人（包括司机等技工），支行14人，办事处7人，办事分处4人，加以匡计，共需206人，应补充67人，此可于战事结束时雇用，不必预为储备。

丙、业务

浙属业务，于战前存款多于放款，汇出超过汇入，战时因抢购陷区物资，接济前方军需，汇款一反而为汇入超过汇出。至外汇业务，因浙省素无直接进出口贸易，未见发展，只有关出口贸易之产业丝、茶，向为放款主要对象。又温、甬承解侨汇，亦数不在少。

四行已于战时实行专业，我行在战后复员，自应秉承政府经济建设政策，以发展国际贸易及汇兑，与协助有关国际贸易之生产事业,为推进业务之指标。惟在战后半年中,国际贸易之恢复,自未能一蹴而就,当先就浙省皖南境内下列有关增加出口贸易及减少进口贸易之产业:"(一)浙西嘉、湖与浙东绍、姚、嵊等地,蚕丝、棉花及其纺织业;(二)严、衢、金与皖南桐油、茶叶及其加工制造业;(三)甬、温、台等地手织物,草帽、皮革、蛋品等出口货物之手工制造业",将其产制运销状况,从事调查,拟定贷款办法,予以协助。一面积极推进国内汇兑及押汇业务,并择重要产地及交通中心筹设仓库,以利押款、押汇业务之推动。

全浙属头寸,在战前向为敷余,最近匡计就存款总额 1.4 亿元,除去放款及购入证券 4,000 万元,存款准备 5,000 万元,约可余头寸 5,000 万元。战后推行建设资金之需要增大,或将转感头寸之不足。故吸收存款,推广储蓄应仍定为本行之中心业务工作,并于服务方面,加倍努力,以利存储业务之推展。又汇款在战事结束之初,因内徙人民还乡,汇入必巨,我行于收复之沦陷区,必宜赶早复业,畅通汇兑,此实为吸引顾客,树立推进一切业务之基础。

关于旧有过期放款,在战后自应即行整理、催收。其中浙赣铁路借款,为本行一大放款,依四行分业原则,本应移转交行,尚未移交。该路已毁于战事,在战后自必须即行规划复轨,届时若由本行继续贷款协助,固与专业原则不合,若交行只做新放,不将旧借接收,亦与本行头寸有关。该路本尚有公债票作押,应于战事结束时,即与交行洽定移转办法。

浙属营业区域,半经沦陷,在战后复员之初,有特殊问题二,其一为沦陷区伪币问题,其二为经敌伪强迫营业之沦陷行清理问题,此二者,政府于战后自必有整个解决办法通饬各行,一致遵办。惟对于浙属沦陷行,浙沪处及嘉湖二支行帐目,应于战事结束前,先为如下之准备:(一)各沦陷行帐目,先就现有帐表整理,随时将发见之收付变动纪录备查;(二)浙沪处帐目原与浙行合并,于沪变后曾设法向该处抄来敌伪接收帐目清单,即据以立簿纪录,仍暂不分帐。至实行复员时,如政府尚未将整理办法核定公布,则对于旧有存户前来提支,凡单证齐全,并于沦陷后未经以伪币支付者:(一)浙沪处部分仍照既往办法,酌量取保照付;(二)嘉湖部分,仍照四联总处规定受押办法办理,其曾经以伪币收付者,自只可先予登记,候政府明定办法,再行遵照办理。

丁、行屋设备

浙属各行处营业用房屋,大多系属租赁,只杭、海、屯系自产自建,又甬系租地造屋。海屋已于沦陷时焚毁,杭甬虽已沦陷,闻屋仍存在。此外,有自置基地之行处,均未筹建。金虽建屋,而因战事,未及落成,且已毁损。

预定于战后复业之撤退行及复设之裁撤行:(1)原有自建行屋仍存在者,即就原屋整理应用,甬支行租地造屋,合同行将满期,应与地主交涉继续;(2)原租用之房屋仍存在者,仍租用原屋,利其本有库房设备,可节修缮费用;(3)自建或原租之屋已毁灭者,另行觅租;(4)在战后复员初期,概暂不自建行屋,即有自置基地之行处拟筹建行屋,亦应为永久性之设计,不宜于复员伊始,匆促新建。又建造临时性之行屋,亦不合经济原则,应尽量设法租赁;(5)器具设备,仍应力求简约,以节复员初期支出,惟新置器具,应尽可能使其标准化。又柜台之布置,应以便利顾客接洽及内部传递为主,求于服务方面予外界以良好之印象;(6)战后收复区房屋,必形缺乏,此则应于战事一告结束或在预定复业之地,收复后,即行派员前往,赶速觅租房屋,从事布置,免落人后。

戊、交通工具

浙属在战前,因水陆运输便利,邮电亦无阻滞,故于交通工具,绝少自行置备,自战事发生后,始添置汽车,自设电台,以应需要。计全浙属自备汽车,现有卡车7辆,小包车6辆。电台报机计汽油引擎收发报机4具,又手摇充电收发报机4具。

战后收复地区,铁路公路之修复,势必需时,本行自备汽车,又大多车龄已老,运输效能减退,彼时撤退行向收复区推进,当利用水运以补车运之不及。水道大致可分下列三个路线:(一)向杭州之一路,由金华取道钱江,水运至杭州;(二)向宁波之一路,由温州取道外海,航运至宁波,或取道内河至临海,再由旱道至奉化,经水道至宁波;(三)向金兰之一路,由衢州取道钱江上游水运直达。依此情形,复员时,在交通方面不致发生重大困难。

电台不图扩充,只须酌为移设,将原有报机重行分配于杭、甬、温、海、金、屯等地。预料战后,交部对于自设商用电台,必将严格限制,或须取消。且将来邮递恢复常态,电报自可减少,专设电台,未必经济。

己、印刷材料

浙属各行处所需帐表单据等印刷材料,战时因大多原有储备,在温州、龙泉等地,亦均有印刷厂家,可随时就地添印。洋纸来源虽告断绝,但浙、闽皆有国产手工制、机制纸张,如福建改良纸、龙泉拷贝纸,颇堪采用,故至今尚不虞缺乏。

准备战后复员,自应将必需材料,先为相当储备,以免需用时措手不及,拟估计之六个月之用量,于战事结束前,在温州、龙泉、赣州招商估价,择定订印,仍尽量采用国货纸张,以节印刷费用,于印就贮存于龙泉或赣州,备战后提用。

(中国第二历史档案馆藏中国银行档案)

编后絮语

战后中国银行浙江分行的每一个分支机构,究竟如何分布与恢复,哪些照常营业,哪些尽快复业,哪些应该裁撤,如何进行有效管辖,以及究竟应该配备多少人员,人员的类别又如何,等等,在在都有其切实的道理和具体的安排。包括各分支机构的营业用房屋,交通工具,电台收发报机,撤退时的水运交通路线,甚至印刷材料的纸张选择等,也同样列入了金润泉先生的考虑之中。金先生的确算得上一位经验丰富的老银行家,从这份复员计划草案,就可以看出他的战略眼光和缜密思维。

金宗城 (1895~?)

名元豪,号宗城,浙江宁波人。早年在江苏银行任簿记员。1919 年进入上海商业储蓄银行,先后任保管部簿记兼主任,国外汇兑处会计主任,1921 年至 1923 年赴美实习,回国后历任国外汇兑处襄理,会计处襄理,检查部襄理,上海各分行监督,总行本部分行管辖部经理,总行营业部经理,上海分行副经理等。五洲银行、华安合群保寿公司、新新公司、家庭工业社、公勤铁厂、成丰纱管厂、中国旅行社、大有印刷公司、三兴烟草公司、国华工业投资公司董事,中国第一信用保险公司、大华保险公司、家庭工业社监察人,上海公共租界工部局地皮委员会委员等。

总经理勋鉴：

谨呈者，查国内教育，现仍毫无起色。宗城前赴日本之时，见其学府之恢宏，校风之整饬，政府当局对于教育，既甚注意，而社会对于教育，亦无不推诚相助，予以种种利便。且宗城曾有一次，在市中见一电车，满载幼孩，逢站直过，并不停车。宗城以为奇事，旋经访问他人，始知均为幼稚园之学童，经该园当局与电车公司订明，每日清晨，特开专车，学童家长只须将子弟送至就近停车处，由该公司妥为将护登车，直开至该园所在地，即有该园教师等在彼伫候，将护下车，下午仍由该公司备车送回，学童家属只须至停车处迎候同归。即此一端，已足见各方提倡辅助之效，用能敷宣文化，为国之光。

教育为立国之命脉，尤为救国强种之基桢。我行自开办以来，素抱服务社会主义，又以教育机关为社会文化策源之地，予以极力提倡，如代收学费也，特设大学办事处也，新增学校咨询部也，及其他教育储金也；凡此种种，咸以求莘莘学子之便利，而力求贯澈服务之初衷，开办以来，均著成绩。

惟宗城之意，以为尚可设法推广，拟订定一种奖励学生办法，择各大学中之声望素孚者数处，在其附属中学学生年考中之第一名而升入大学者，即由本行津贴其一年学费，以示奖劝；其他各处分行，似亦可照此办理，每年所费不多，而一则可以见本行热心扶助教育之诚，二则可以为本行推广学界宣传之助，似属一举两得。

区区之见，是否有当，敬候钧裁，耑上敬请勋安。

（《海光》三卷一期，1931 年）

编后絮语

　　金宗城先生建议订定一种专门的奖励学生办法,源自于他在日本实地考察的深切感受。此前上海商业储蓄银行也有不少与教育有关的举措,如代收学费,特设大学办事处,新增学校咨询部等等,而此举则使银行与学校和学生建立起更为深层次的联系。可以试想,因此奖励办法而受惠的学生,一生都将对上海商业储蓄银行怀有感恩之情。需要指出的是,此建议最终得到了该行总经理陈光甫先生的首肯,并投入了实施。一方面,下级积极建言,另一方面,高管层虚怀若谷。这样的银行焉有不成功之理?

居逸鸿(1886~1966)

浙江海宁人，长期任职于中国银行，曾任上海银钱业联合准备会经理、上海票据交换所委员会第一届执行委员等。

汉口临别赠言

此番我们出来查帐，同时兼有慰劳诸位的意思。诸位站在前方努力行务，我们在后方的人，好像对于出征军队，当然有慰劳的必要。我汉处经办未久，初因经费关系，诸事从简，几年经营，营业逐渐发达，事务增繁。现在地位，迥非从前汉汇处局面可比。我们做事，应事事讲求实际，要用钱的地方要用，要添人的时候要添，不能因陋就简，结果反受其累，这是我们以后应注意的地方。像此次沙汇处（按沙汇处，因栈房舞弊，稍受累。）这种不幸案件，由于管栈事务不甚看重的缘故。还有应该注意的事，我们添设了一个机关，千万不要勉强从事，从前往往因为当地情形不熟悉，没有生意可做，就于无可如何之中，做些基本生意，使盈余上好看些。现在看来这种观念是不必有的，因为这种见解至少含有危险性的。鄙人以为机关应设不应设是一问题，生意之选做又是一问题。不可过于求速效，必须慎重将事。目下汉行是从创设时期转到整理时期，会计主任陈元直兄才长心细，对于整理方面，是赵经理、沈襄理大大的挈手。现在再就汉辖内鄙人所见的说一说。

宜昌一地，如为沪券汇兑起见，效用很薄弱的。因为宜昌的码头，好比江苏的镇江，从前川汉间不能直达，各货运输都在宜昌转口，现在却不然。沪渝间都有船可直达，这种转口生意是不能维持了。至于说到出货，因为背面崇山峻岭，交通不便，出口不多，远逊沙市。并且川洋在当地的势力很大，因为价格很低。目前九圆二角人洋，可换川洋十圆，所以市面上川洋很膨胀，我们沪券当然无发行的余地了。还有一种危险,宜处收了川洋的存款,既不能全数放出,复无法可运出口,出口亦无地可通用,收下川洋来一部藏在库里,是与沪行辖内少存现金的宗旨相背的。所以宜昌前途业务是值得研究的。

再说到长沙一地,因为地方殷实,土产较丰,当地政府在各省中较为稳健,所以很有发展的可能。不过最困难的问题,就是"禁现出口"。因此不敢多做生意,恐怕利息上的收益,不抵汇水上的损失。近来有弛禁之说,如果实现,那末可多做些生意。可惜我此去,因避免酬应,调查的时间很匆促。

现在我们再谈谈汉口的问题。汉口照我的观察,较以前乐观得多。从前民国八年初次来汉,押款的风气不开,信用又不敢去做,所以简直无大宗生意可做。如今风气大开,有货堆积的很愿抵押求现。不过我们应切实谨慎地做去,押息不妨从低,折扣必须稍小。现在各银行虽然竞争得很烈,可是我希望大家应在轨道上竞争。简单的说,就是大家做押款时折头要打得合理,利息要求其公平,作合作性的竞争,千万不可过滥,使金融界冒危险性才是。

再则我们出来,第一将我们的所见贡献给同人,一方希望管辖内的同人对于管辖行有什么建议,应尽量的提出;有何不便,力求改善。我常说同人要站在有系统之下谋合作,要知道有系统并不是分阶级,是守秩序;是在公事上的说话,一出公事房,大家同是中国银行的行员,不必拘束。第二为行物色人才,因为我们很感到缺乏人才的痛苦,很希望在支行、办事处中提拔杰出的人才,将来要添办机关,或向河南方面发展,总要有人。我想不要因有了机关,拼命去找人;应当有了相当的人物,才去设立机关。

末了,还有几句话。第一,我们办事对于责任上,应认清楚的,虽然有困难的地方,须尽我力量去做。但是上级人员,应特别原谅的,譬如管栈房的行员,如若栈里的货必须每包秤过,负重量上的责任,是不可能的。但整包的货物被人搬走了,或整包的货物变成零头了,那显然是应负责任的。第二,汉行从前风纪稍逊,自汉汇处成立以来,大为改观,以后必须维持汉汇处成立后之风纪。第三,我行宜处有一行员,据其上级人员说,有时加以指点,该员说:"我是汉行派来的,汉行向来如此办法。"鄙意行员必须服从当地上级行员的指挥,不可狃于成见。因汉行亦有沪行派来之行员,故连带及之。

(《中行生活》九期,1933 年)

鸠江聚话录

业务方面。芜湖绾长江中流,市面盛衰,悉视米市活动与否为转移。去岁遭空前水灾后,暹米、美麦源源进口,供过于求,米价因以大跌。吾行押放,既以米为大宗,而时价与以前估价,既致悬殊,上期所做米稻押款,米客延不取赎,发生种种困难,此与芜行下期成绩关系甚巨。希望同人协力同心,补救将来,同时希望宋经理及金襄理破除情面,竭力催收,庶几对管辖行有所交代,而芜支行以往之成绩,不致失坠。

发行宗旨。在时局杌陧期中,我行不愿准金多存各埠,例如春夏之交,汉口现洋充斥,其原因为川、豫两省土货不能外运,当地又禁现出口,驯致钞票陆续收回,暗耗颇巨。汉商会、钱业公会因有重发汉券之请求,我行鉴于汉券在以前军阀时代准金被提,本行名誉几为牺牲,故重发汉券颇主慎重。兹闻川、豫货物发动,现金既有用途,洋厘渐平,我行钞票渐可恢复原状。假使彼时发行汉券,洋厘转高,仍难持久。于我行长江不兑现宗旨,不能贯彻,所得殊难偿所失也。

记帐实验。我行会计制度,新制实行以来,主要帐功用减失,传票之重要更形增加;惟传票翻查费时,迥不若详明之日记帐便于查考。在南支行查帐时，颇感受此种困难。若支行日记帐仍记摘要，实予查帐者以不少助力。希望诸位本记帐经验，多多发表意见。

加薪问题。我行本有酬劳金，借以鼓励同人。惟因政府旧欠关系，新近又增收发行税，酬劳金尚谈不到，无形中减少同人兴奋。本期加俸，总处本不举行，嗣以沪行事繁，始得核准。沪行为一视同仁起见，辖内行处一律办理。惟加薪一以盈余标准数为依据，此后经襄理对于同人负责益重，同人亦当努力，以期发展营业，增进待遇。

生活情形。物质文明，日新月异，社会崇尚奢侈，生活因以日高。芜湖为通商口岸，当然不能例外。希望同人提倡节俭，从事储蓄，以备他日教育子女正当用途。

爱国运动。沪行同人组织消费合作社，对于提倡国货，不遗余力。以我行分支行之多，如能全体合作，以有组织之中行，作有组织之提倡国货运动，则挽回漏卮，有利国家，较之高谈阔论，裨益良多。

（《中行生活》九期，1933 年）

编后絮语

各地情况不同，银行业务的发展方向也必然有所差异。比如宜昌一地，已经失去了曾经的交通优势，与转口相关的生意必然大受影响；比如长沙一地，"禁现出口"等政策性因素的影响显然不可小视；比如汉口一地，同业竞争相当激烈，对押款的风险就要有足够的评估；比如芜湖一地，"市面盛衰，悉视米市活动与否为转移"，市场供求状况更是对当地银行业务有着直接影响。作为银行界的老前辈，居逸鸿先生的这些建议，确实具有相当的专业水准，无疑对各地同仁具有极强的针对性。

人物小传

康心如(1890~1969)

名宝恕,祖籍陕西城固,清光绪十六年(1890年)生于四川绵阳。1911年加入同盟会,旋赴日本入早稻田大学,政治经济学专科毕业。辛亥革命后,任四川银行贷付课课长,曾任上海濬川源银行经理。1921年参与筹办中美合资四川美丰银行,1922年4月任协理。1923年提出改革银行建议,业务大进。1927年四川美丰银行改为华资银行,任董事、总经理。同时任刘湘二十一军顾问兼财政设计委员会委员,二十一军整理重庆金融库券基金保管委员会副主席,四川地方银行理事等职。1931年9月任重庆银行公会常务委员,1937年9月任重庆银行公会主席。抗战胜利后,曾赴美国、加拿大考察银行业务。中华人民共和国成立后,历任西南军政委员会财经委员、重庆市工商联副主任委员、全国工商联执行委员等职。1955年任公私合营重庆投资公司经理。1969年11月16日因病在北京去世。

当着这物价高涨声中，一般人却不很清楚银行业在做些什么？尤其是四川的各个商业银行，这种怀疑到现在依然存在着。

最近获得四川的聚兴诚、川康、川盐、重庆、和成、大川、美丰、亚西、通惠、建设、建国、长江这十二家银行的赞助，把三十年十二月三十一日各个银行的资产负债，合成一个总表，列在后面：

资产类		负债类	
库存现金	11,490,713.27	资本总额	50,000,000.00
购买公债及公司债总数	38,518,755.99	公债及其他准备金总额	10,368,392.54
存款准备金总数	6,438,922.10	领钞保证准备总数	34,708,617.12
营业用房地产器具总数	14,205,661.18	往存特存定存通讯存比存信存储存借入款（商业）总数	140,333,945.26
投资农工矿及公用事业总数	13,702,318.45	总分行往来	11,751,423.77
投资进口商业总数	2,226,100.00	合计	247,162,378.69
投资出口商业总数	4,385,850.00		
放款农工矿及公用事业总数	51,335,264.91		
放款个人总数	14,996,105.16		
放款进口商业总数	25,046,059.89		
放款出口商业总数	26,560,954.21		

资产类		负债类	
库存现金	11,490,713.27	资本总额	50,000,000.00
放款同业（活定）总数	22,756,833.57		
放款地方团体或机关	9,460,459.89		
其他资产	6,038,380.07		
合计	247,162,378.69		

照这个表的情形看来，心里便发生了几点感想：

第一，资本有五千万元，资产仅有二万四千七百多万元，可见这十二家银行的信用都很薄弱，这在经营金融业务的人，是应该引为最惭愧的事。就把存款来讲，也只有一万四千多万元，更感觉到没有把社会游资完全吸收来做有效的运用。不特说是惭愧，而且可以说是可耻。银行信用固然薄弱，同时四川深处腹地，很多人对银行的作用，都不十分了解，宁愿把资金都呆存或者窖藏起来。这也是存款不发达的一个大原因。

第二，存款里面长期的数字非常小，短期与活期的数字特别大，可见是社会金融的不安定。为了短期与活期存款的数字大，所以支付准备不能不充分，放款也只能够做短期的运用，对于农工矿方面，不能尽力协助，也是很大一个缺憾。

第三，听着人讲好像银行和物价有什么关系，可是物价的高涨多是进口货。但是照前面的表看来，投资和放款在进口商业的总数只有二千七百多万，固然不能说若干银行对进口货有无直接或者间接的关系。但是这二千多万全都买成疋头，照每疋六百八十元算，只可以买四万五千疋；全部买做棉纱，照每包一万元算，也只可以买二千七百包；全部买做米，照新量每石四百元计算，也只好买六万七千五百石。就算商人拿去全都买做了一种货，像前面的数量,恐怕还算是渺乎其小。物价上涨和进口货固然有关系,但是其他根本的原因还很多,何况这二千多万又分散在各种进口商业方面呢。

照表上看来,库存现金一千多万,是做支付准备,不能运用,又遵照国策和政府的规定,购买公债和提存准备,大概有四千几百万。营业用房地产器具,也有一千四百多万变做了固定资产。一共算起来,差不多有七千万是为了维护国策和保障社会权益不能运用。在这十二家银行中,总共运用的数字只有一万七千多万,这个数目真是可怜。所以我说信用薄弱,的确很惭愧,至于对物价又有若大影响,照前面的情形看来,恐怕也不很实在。

(《金融周刊》三卷五、六期,1942 年)

编后絮语

康心如先生在这篇文章中,为什么要专门谈商业银行资金的运用,实际是想消除一个疑问,即四川的各家商业银行是否推动了物价高涨。当时物价的高涨多因为进口货,而各家商业银行在进口商业方面的投资和放款数额不大;他用数据说话,证明了商业银行至少不是物价上涨的主要推手。这也是他作为四川美丰银行总经理,同时也是重庆市银行业同业公会主席的职责所在。不过,他在文中提到的银行业信用薄弱,包括资产太少,以及存款结构不合理等等,也都是事实;这些也都是银行业自身改进经营管理的努力方向。他的分析有理有据,不温不火,具有相当的说服力。

李铭（1887~1966）

字馥荪,小名福生,浙江绍兴人,清光绪十三年（1887 年）生。幼读私塾,后毕业于日本山口高等商业学校。1912 年任浙江地方实业银行稽核,1913 年任该行上海分行副经理,1916 年升任经理,同年 5 月,参加以宋汉章、张嘉璈为代表的上海金融资产阶级抗拒袁世凯停兑令的活动。同时为上海银行公会第一、三、四届董事。1923 年 3 月在上海另组浙江实业银行,任常务理事兼总经理。1926 年任上海银行公会主席,直至 1935 年。1927 年任公债基金保管委员会主任委员,并任浙江实业银行董事长兼总经理。1928 年 7 月由国民政府财政部任命为华俄道胜银行总清理处清理员,兼管上海分行清理事宜,10 月任中央银行监理会主席,11 月中国银行改组为特许国际汇兑银行,任该行董事长,另任交通银行董事。1931 年 1 月任国民政府财政委员会委员。1932 年 3 月与张嘉璈等组织上海银行同业公会联合准备委员会,任常务委员、主任委员,5 月任国民政府全国经济委员会委员。全面抗战爆发后,受孔祥熙指派,留在上海,再度当选为上海银行公会主席。1941 年 3 月离沪赴美,旅美期间,仍任浙江实业银行职。1946 年回国,连任上海银行公会主席,特任国民政府最高经济委员会委员。1948 年 4 月任中央银行贴放委员会委员,同年浙江实业银行易名为浙江第一商业银行,仍任董事长。1950 年在香港筹设浙江第一商业银行,自任董事长。1966 年 10 月 22 日因病在香港去世。

筹设海外分行之建言

　　吾国乏海外金融机关,凡经营国外汇兑事业之银行、先进出口商家,莫不引为缺憾。年来银行虽日有增加,而筹设海外金融机关之设,尚未前闻。今商业竞争,日形剧烈,而国际上之关系,日形交错,断非百年前闭关自守时可比,殆日与世界潮流相接触也。但与世界潮流相接触,不可不有接触世界潮流之组织,金融事业为全国商业之中坚,金融之组织不完美,复何商业之可言?余此次扶桑之行,身受目击,百感丛生,知海外金融机关之设,有不可一日再缓之势,此余所以有筹设海外分行之提议也。

　　海外商业中区如纽约、伦敦,均应设立分行,但当此函电迟延,商情扰动之际,非强有资力难以调剂,故对于欧美分行,似宜从缓。余谓事之初创,一宜就近,就近则消息灵通,容易调度;二宜择与吾国商业盛者,商业盛则往来汇划多,而获利自丰也;由此两端,当先由日本着手,再由日本推及欧美。兹将由日本着手之利益,举要述之,

　　一、日本为东方唯一之金本位国,与上海最相接近,电信往还计约七八小时,旅行往返亦不及旬日,地位既近,交通便利,则资金往还,自然迅速,其利一也。

　　二、国际汇兑因各地需求与供给之不同,故各地之汇兑率,因亦时有参差。故甲地对乙地汇兑之买卖,须时时比较第三地点与此两地之汇兑率之贵贱,遇有较此两地直接买卖为最有利益时,应经由此最有利益之第三地买卖之。此种向第三地转折买卖之国际汇兑之方法,谓之"间接汇兑"Arbitriage,即运用国外汇兑事业中之最能获利而最要者也。然欲操纵此方法,必须择一消息灵通地点,

接近世界贸易繁盛之国,为实行之中心地。日本与吾国最为接近,与世界各国贸易频繁,因而汇兑发达,是以吾国银行,如欲经营国外汇兑,可以日本为转汇地点,以经营间接汇兑也。

余于五月八日往横滨,查是日该埠汇兑市情,对英电汇,为日金一元计英金二先令六便士;对美电汇,为日金百元计美金四十九元六二五;对法电汇,为日金一元计法币七.○六;对上海电汇,为日金百元易规元三十九两。同日接上海汇兑电信,对英电汇,为规元一两,计英金五先令十便士;对美电汇,为规元百两,计美金一百十二元;对法电汇,为规元百两,计法币一千八百四十五法郎;对日电汇,为规元四十五两二五,计日金一百元。如以当日上海汇兑市价,与日本对英法美汇兑市价比较之,则日金之价值奇高,对英则以七十便士(5/10)与三十便士(2/6)比较之,而日金之价值当在四十二两八五,对美则以一百十二元与四十九元六二五比较之,则日金之价值当在四十四两三钱,对法则以一千八百四十五法郎与七法郎零六比较之,则日金之价值当在三十八两也。设如当日银行欲卖出英法美汇兑,而不直接卖金镑法郎美金,将以上货币迳由日本易成日金,间接以卖日金,则先令可售五百先令六便士二五,美金可售一百零九元七角,法郎可售一千五百六十也;即日金市价,上海与日本之比较,其相差每日金百元亦在六两二钱五也,如在日本以上海交付之规元,买进日金汇票,同时在上海以日金易规元,其利之厚不待言也。以上所述,当上海日金电汇市价高于他国货币时之作用,如上海汇兑市价与日本对各国兑换市情相比,他国货币价值高于日金时,设如银行欲购英法美币时,则可间接以购日汇,再以日金易英法美汇,其利亦同,故择日本为吾国国际汇兑之转汇地,其利二也。

三、国外汇兑事业,以远期汇票之供给,愈多为愈妙。上海市上金镑法郎及美金之远期汇票之供给,为数虽属不少,然其卖买多被外国银行所操纵,故于汇兑事业极形掣肘。然日汇之供给于上海,其数较欧美汇票为多,此种日金汇票,吾国银行多能自由买卖,故能利用此多数之日金汇票,即能挽回国外汇兑上一部分之利益。其利用之法如何,即如前项所述之间接汇兑之办法也。查日本对英法美各国输出货物甚巨,因之金镑法郎美金之远期汇票之供给为数甚繁,故吾国银行能设立分行,如价值相宜时,即可以上海所购之日金汇票,于日本易欧美汇票,以济沪上之不足,其利三也。

四、吾国国际贸易,与日本之贸易为最多,因与日本之支付为最大,此种支付之营业,多半由于日本各银行专利之,即吾国银行经办者,亦不能不借重日本各银行,由无驻日分行故也。此中损失,年约数百万日金(按八年中日进出口货达四万四千七百万日金,即以百分之八分之一之手续费计算,亦当得五十五万八千七百余日金也)。故应早设立分行,以挽回此利权,其利四也。

五、欧战以来,金币与银币之值日落,故吾国商人,以银购买金币者亦日多,其中以买进日金之数为最巨。此等日金多半分存于吾国各银行,而各银行即转存于日本各银行,其数约在千万左右,而所得之利息仅五厘余而已。按日本现在流行之利息,平均年息九厘,如吾国自立分行,此种存款,统可归吾国银行经理,善为运用,则不特此千万元日金之收入,大为增加,且能资助进出口商,不难做到数万万生意也,此其利五也。

六、吾国国际贸易,病在不知国外商情,缘无国外调查机关耳。今中日商业日形密切,此后之关系自然重大,调查商情,惟银行最为便利最为完美,苟立分行,自能随时调查报告,本国固有之商业得增大而改良之,未有之商业得举而新办之,其利六也。

七、今将办法约举如下,

(一)宗旨:专为吾国经营国外汇兑之各银行驻日之代理机关,并补助吾国贸易而设。

(二)范围:初创时不求规模宏大,但以适宜于银行营业为度,预计有资金二三百万日金,当足开办。

（三）地点：横滨、神户为日本对外贸易之中区，应于两处各设分行；但东京亦重要，可设汇兑所一处，兼办吾国留日学生学费之汇付及存储。

（四）日常应办事：每日应发电两次，报告本日汇率利息及商情，并遇有特别重要情形，应另发急电；上海总机关亦应发电两次，报告沪市汇率利息及商情。

以上所举，其主要者也，至详细节目，自应详议。管见所及，未能顾及全局，但事关全国金融，尚希诸大君子审察而采用之。

（《银行周报》四卷二十二期，1920年）

编后絮语

与世界潮流相接触，则不可不有接触世界潮流之组织，金融事业也同样如此。李铭先生的日本之行，"身受目击，百感丛生"。他认为，应当先由日本入手，再推及欧美，尽早设立中国银行业在海外的分行。他列举了国际汇兑等方面的诸多论据，并对驻日海外分行的设立宗旨、范围、地点、日常业务等，提出了非常具体的办法。以今日的眼光看，他的建议在技术上并无特别创新之处；但如果考虑到他提出这一建议，是在差不多100年前的中国，那么，我们仍然是应当报以极大的敬佩与致敬的。

李桐村（1895~?）

　　1916 年 4 月进入上海商业储蓄银行,曾任会计处代理主任,汇兑处襄理,检查部襄理,天津分行副经理,南京分行经理,第二区区经理兼南京分行经理,第二区经理,1935 年任总行副总经理,1936 年任总行副总经理兼大业公司经理等。

一九三一年十月八日

总行创星期四聚餐之举,乃以同人日间各有职务,不易相聚一堂,故借每周聚餐之机会,以增进友谊,交换知识,使行员多明了本行情形。宁行各处行员已有一百三四十人,鄙人及宣君觉同事中颇少联络,故仿照总行而行此聚餐焉。我人在行内办事时,因手续统系,不得不分职位和阶级,公事毕后,彼此都为最好的朋友,无论何事,皆可随便闲谈。诸位对于本行一切事务有不明了之点,亦可借此机会询问,鄙人及宣君当以所知详细奉答。

今晚在座诸位皆为营业员,唯一职务,即与商店及顾客接近;须知既能接近,非是开一户及放数千元之信用放款,已尽其职。每至一家往来户,除无宗旨之普通应对闲谈之外,尚要切实注意其营业状况,进货情形,售货情形,存货情形,货价之涨落,并货物之来源,以作本行与该号既有及将来放款之标准。盖一业有一业之特殊,一店有一店之不同,应由营业员随时留心调查也。我人俗语经商曰"做生意","生意"二字,乃"生出意思"之谓,譬如诸位到一经营五金之铺家,应研究何谓二十八号白铁,何谓二十二号白铁,目下本地需要如何,存货若干,该号进货,抑从上海批来,或自外国直接定购,进一步可兜其押款,押汇,汇款,国外汇兑,及关金钞票等业务,更进一步,可托其介绍同业同等业务,故"生意"二字,不啻营业员之天经地义也。

此次本行提存风潮,外间流言,不外汉口水灾损失,金子亏本,及公债跌价等项,在座诸君,如遇顾客询问,能有彻底的答复乎?大约均含混的答曰,此系谣言,本行并无损失,或损失极微等语耳。

须知此项含混答语,是不能使顾客满意的。此亦系鄙人无机会向诸君详细述明之过。兹述如下。

汉口水灾损失。已载明各行务会议,计:(一)支付搬运力二万三千元,此项搬力,尚有一部分可以收回;(二)钱庄倒欠一万六千元;(三)盐商挂欠五万元,约二三年之内,可分次还清。极顶的说,此次汉口水灾,共损失八万九千元。

金子。国外汇兑乃以进出口货物为主,本行规定向不抛空卖空。据鄙人所知,总行国外汇兑处,尚有暗藏盈余。

公债。本行国内公债约有三百万,总行证券购置以金公债为多,因帐簿作价格极小,目下金价下落,及国内公债大跌,亦尚有暗藏盈余。

诸君对于顾客不问者,不必过肆宣传,只须有问必答,并且各员均一律的答复,则顾客岂不变怀疑而为信任耶?

(《海光》三卷十期,1931 年)

一九三一年十月廿二日

今日召集京行各处办理储蓄人员聚餐,可谓储蓄会议,是此次聚餐,较前两次更有重要之意味。盖吾人固宜极力向外招徕生意,然于顾客之自动进行存款者,实较招徕为尤重要。恒有主张用各种广告以为宣传者,其实我行全体行员一千余人,是绝好广告。如果每一行员向其亲戚朋友宣传,而其亲戚朋友复再向亲戚朋友宣传,似此辗转宣传,其收效之宏,较任何广告为伟大。惟诸君欲向外宣传,必洞悉内部情形,方有宣传之资料。我总经理昭示吾人曰,树大招风,是以我行范围日大,易招他人之妒忌,故应极力谦和,联络同业。而鄙人则谓,树大固易招风,若根深蒂固,则风虽大仍无碍于树。然银行之根基为行员,如各行均能爱护本行,均能培植知识,则根基自深,银行益固。是则希望诸君,一面对于本行内容得有深切之瞭解,一面对于本行顾客方面可作良好之宣传。犹之国民中之具有爱国心者,必具有国家观念,明了领土统治权,以及一国之军事财政工商概况,与夫世界大势,方知国之应爱,方知如何始为爱国;若乡间农民,不识不知,初不知国为何物,即不知何以要爱矣。诸君为储蓄处应付柜台顾客人员,责任綦重,应为本行作有力之广告。故今日集诸君于一室,与诸君谈论行事,使完全明了本行情形,以成为一有力之宣传队。诸君请尽量发问,鄙人与宣艾侯君当一一为之答复也。

诸君之在储蓄处,莫谓吾能记帐,吾能计息,即自以为尽储蓄处之能事,如计算整存零付、零存整付及整存整付之公式,均能知之否?总之,吾人宜时时以自强不息之精神,求新知识。如管活存部者,至少限度对于票据法应富有研究,则应付支票方能周到。诸君毋存自满之心,随在皆学问,学然后知不足也。

(《海光》三卷十一期,1931年)

一九三四年四月廿六日

收付款员,与顾客最为接近,收付之时,务须和蔼,不可以个人之喜怒,而易其对待顾客之态度。譬如收付甚忙,应接不暇,时将近午,来者愈多,事冗心烦,不免表示不悦之色,虽并无归咎于顾客之意,而无意之间,自然流露,顾客见其不悦,难保不生愤懑之心。故授受之间,切不可搀杂感情作用。至于百忙之时,随手飞掷,更不相宜,尤宜注意。

银行界之普通心理,大约对存款者较为客气,对借款者不甚谦和。但现在内地银行竞争甚烈,不但对存款者,须殷勤招待,即对借款者,亦须和蔼相迎。须知存款借款,同为顾客,无所轩轾。银行不能有存而无放,即不能对存款借款之顾客,在待遇上,显有高低之别。

本行对于支付汇款,凡由司役解送者,照例多俟司役回行后,凭通知单以验阅收款人所立之收条。霞行盛松涛君,恐收款人适有急需，须立时来行取款，或次日在封关期内，时间短促，不及候司役回行，即嘱送据者，如见收据上所盖之章，并无舛误，即在此项收据上作一记号，或加盖私章，支付时核对无差，即可通融给付，以免收款人之久候。办法甚佳，各行大可照办，此亦便利顾客之一端也。

（《海光》六卷六期，1934年）

一九三四年五月十日

往来部管理代各分行归票之同人，不应仅以归票为事。为推广业务计，可以研究各种票据之背景（即因何种事实，出票人出立此票，向付款人兑款），付款人经营何种事业？信用如何？已与本行有往来否？如信用甚好，与本行尚无往来，则可告知经理，派人前往兜揽开户。大概外埠所来票据，多有货物相随，故再进一步，可以兜揽汇兑或押汇，或介绍与外埠分行开户。此种工作，大可推广服务，扩充营业。总之，全行同人，须自动的研究改良，筹划进步，不可仅为机械式的工作。现在同业竞争之烈，倍蓰于前，银行前途，极为困难。然本行全体同人，有一千五百余人，如人人能自动研究，开辟新路，又何患同业之竞争乎？即以三分之一而言，亦有五百人自动研究，集五百人之精力，以求进步，何患不能立足？

本行存款章程及一切业务手续，暨复利计算方法等，同人均应随时留意研究，不可漫不经心，不求甚解，以免顾客询问时，瞠目不能答复，或所答不能令顾客满意。譬如有一顾客，询问："存款一千元，二十年到期，周息八厘，半年一复利，共得本息若干？"吾人苟能不假思索，立时答覆，顾客自能满意；倘不能答覆，而须当时计算，则半年一乘，须乘至四十次之多，不但耗费时间，顾客亦必不满意。其实此种算法，有一定方式，照式计算，并不困难。即本行同人中，明了复利计算方法者，亦甚多，诸君能者固佳，不能者亟宜学习。如他人所不能立时答复之时，而我能立时答复，吾觉殊有以自豪也。

吾闻同人之中，有不知本行资本若干，公积若干者。适闻宋光第君言，外埠同人，竟有不知总经理为光甫先生者。故欲求打开新路，以推广业务，必先令社会人人知有上海银行，尤须令人人知上海银行之内容状况，放款如何慎重，经营如何稳妥。若本行同人，尚不能深悉内容，而欲求社会各界之人人明了，此乃断不可能之事。是以欲社会深知本行之稳妥，必先令本行同人深悉本行之稳妥，以及所以稳妥之情形。否则本行人员，且一无所知，安能望外人之明了？

所有本行办事章程，即使已甚精良完备，业务手续，即使已甚迅速便利，但亦未尝不可精益求精，便中加便。凡有可以节省时间，简便手续之事，务望诸君全体自动研究，由研究而进于改良，庶几在此困难环境之中，发生新的思想，新的进步，望诸君三复斯言。

（《海光》六卷六期，1934 年）

一九三四年五月十七日

现在各银行中，均有营业员，对于兜揽生意，皆认为非由营业员在行外跑街不可。其实营业员在外兜揽尚未上门之生意，尚为第二步办法。第一步应先由行内同人，多与已上门之顾客接近，俾能于本身业务之外，发生其他生意，如汇款者可以发生往来，存款者可以发生托汇，租保管箱者又须明了其所任为何种职业，如为住户，则可招徕储蓄，如为投资证券者，则可招徕买卖公债，如为货物商人，则事招徕仓库运输及保险等生意，如为工厂，则可招徕抵押押汇之生意，至少限度，可以得一存户。总之，每一顾客，均可相机兜揽其他生意。故此种招徕生意之责任，第一步在于柜上同人，随处随时，皆有发生生意之机会。第二步始在于营业员之外出兜揽。第一次既来之后，内部人员，务须和颜悦色，诚意招待，敏捷而不留难，使顾客乐于照顾。从此即可陆续而来，即使半途忽与他人来往，不久仍复折回本行。不但本人去而复转，且能引其亲戚朋友，均与本行发生关系。倘能人人如此，则本行同人一千五六百人，人人皆营业员也，且亦不敢希望人人如此，只须一小部分，能有此种精神，一大部分，能知人人应有此种责任，则何虑生意之不发达乎？

（《海光》六卷六期，1934 年）

一九三五年三月二十一日

今晚有国外部张民良君在座，即就银行问题，加以谈论。自欧战告终，金贵银贱之现象，日趋显著，进口货成本加大，国人以利润丰厚，群起而从事于小工业。例如上海有许多小工厂，大半受金贵银贱之赐，应运而生，其情况固极一时之盛。余有友人业洋广货生意者，曾谓："内地所销洋广货品，十之八九，均为此种小工厂所制"云云，吾国工业，因金贵银贱而得进展，于此可见。但最近二三年来，海外银价高涨，现银外流，存底既薄，市面亦受打击，长此以往，实为吾国之隐忧。最近银行业同业公会，应社会之要求，有组织工商借款团，筹借国币五百万元之举，即为针对此种非常状态而发。今请张君依国际汇兑之观点，略述白银问题近状，以增吾人见闻。

张君略谓："银价涨落，对于吾国市面之影响，李先生顷已言之甚详。兹请略述吾国币制所受国际货币政策之打击。综计吾国所受此项打击，已非一次，自一九三一年九月，英国放弃金本位始，英镑价值，即见降低，是为第一次打击。日本继之，放弃其金本位，是为第二次打击。一九三三年三月，美国亦宣布废止金本位，逐步贬低美元价值，使向来只需美元二十元零六角七分，即可换取净金一盎斯者，至是提高至美元三十五元，方可易取同量之净金——即一盎斯。换言之，即比例的减低美元成色，至百分之四十以下。此乃第三次打击。美国国会，于去年八月，通过购银政策，决定收买白银十三万万盎斯，务使每盎斯银价涨至美元一元二角九分而后止。美国人民遂继政府之后，纷纷买进白银，以待善价。银价既涨，吾国所销售之外货，价值日跌，于是进口货益增，而出口货益减。在此有一问题，须加说明者，即吾国为用银国，而非产银国，对此巨额入超，将以何法处置？在昔因有外商投资，华侨汇款，教会传道费，及外宾游资等等来源，足资挹注，勉敷国际贸易差额，使之均衡。但近则因世界不景气潮流，弥漫各地，上述种种无形出口，亦已猛减。而上海现银，因受国外银价提高之影响，日见其少，且占有现银者，深恐吾国政府，亦将减低币值，故不敢继续存储银行，提现窖藏，或转存洋商银行，实所难免。更有取巧者，纷纷运银出口，除去运费捐税，尚可获利百分之五。于是白银外流，洋拆日高，银根日紧。政府于是加征白银出口税，大条银或银块征收百分之十，国币或厂条，征收百分之七点七五，但有时海外银价过高，运银至伦敦，除去固定之出口税及运费后，仍可赚得额外利益，乃又随此额外利益之大小，而增损其平衡税，以资补救。然而征税愈重，私运之利愈厚，故偷运白银出口者，亦有增无已。为今之计，倘欲提高上海银价，使与伦敦银价相等，甚或高于伦敦，固可救目前之急，但欲控制上海银价，非集中全国现银于政府之手，不能为力，而此举又非一时所能办到。盖英美各国之现款，大部分皆在政府手中，而吾国则与之相反，此所以英美能办到，而我则尚谈不到此也。其次为禁银出口与膨胀通货，但此举非至万不得已时，吾国政府，决不肯出此，目前只由中央银行装运金条出口，换取白银进口，以安定人心。至将来银价之趋势如何，一时亦无从臆测也。”

张君顷间所言白银在国际间之现势，颇为详尽，可见对于吾国工商业，实有切肤关系，凡业银行者，皆须刻刻留意，以应付此环境。然余尚欲补充者，如欲根本阻止白银外流，第一须勿用外国货。但贪便宜与怕危险之心理，中外如出一辙。试观数年前美国发生银行风潮时，数日内银行倒闭数千家，是时美国人民，窖藏现金者有之，运现出口至加拿大者亦有之。又如日货之所以能畅销欧美菲澳者，即因人人皆贪便宜之故。此外尚有爱美心理，亦为人所共俱。譬如穿着西服一事，章华呢绒，亦未尝不可裁制西服，但不如外国货之纯软,故终不能完全代替洋货。是以决心勿购外货,必先除去贪便宜与爱美观之弱点,凡日常必需品,有国产品可资替代者,宁舍弃洋货,而购用国货。此事内地居民,因环境关系,比较易于实行,余开端所引业洋广货者之言,即是说明此系事实也。即以一日三餐而言,在上海吃西菜时所用之辣酱油、番茄酱、咖啡等均是外货,若在内地,则猪肉青菜,皆系国产,可见愈是通商大埠,购用外货之机会亦愈多。此后希望大家约束自己,努力向低级生活路上走去,切勿以大量金钱,拱手奉人,倘能坚持不懈,则不仅白银不致流出,一般产销国货工商业,亦可因而渐趋昭苏矣。

(《海光》七卷五期,1935 年)

一九三五年四月十一日

顷闻王敬之君言,因鼻塞而听觉失灵,余意本行营业,亦可以此为譬。总经理规定计划,譬如大厅之发施号令,行员优待顾客,获得美誉,此犹鼻腔畅达,耳管灵敏,大脑所发号令,遂得完全实行也。犹忆当本行初创时,总经理因青年会存户甚多,乐用本行支票,故竭力提倡,并嘱柜上职员,对于存户之以银角存入者,概作大洋计算,以示优待。是时有行员某君,见某顾客常带存不满一元之零数,心怀不满,某次,即以存心取巧讽之。事闻于总经理,罚薪一月。因其举动不能与总经理之命令相符,犹因鼻塞而耳聋也。

与杨天任、李斌耀二君讨论会计手续云:收款核对员,须将收单取下,当时即与收款簿逐笔核对,随手用铅笔在簿上作一记号,并签字于最后一笔之下,然后将单传递。核对付款簿者,亦须同样办理,并察看簿上是否笔笔有某所自做之记号。至重要单据如代收款项报单等,至少须有两人图章,方能妥适。譬如代收本埠分行所做收款报单,颇多不盖经理图章者,须注意加盖,以明责任。此外轧计各结余数时,除由经管者交换轧计外,并于全部轧完后,任意抽查一二，以复核其有无错误，则乏懈可击矣。

与区鸿翔君谈在外人所设商业机关办事，与在国人所设商业机关办事之分别，谓：在洋行做事，不能与共事之外人，获均等之待遇，且做事只做钟点，钟点一到，纷纷散走。在本国商业机关做事，则只须人人尽职，业务发达，人人有上升机会，而在本行为尤显著。盖欲享升迁之权利，必须先尽相当之义务也。

闻潘季云君言，国外部正在整顿代客保险事务，凡押汇提单上，皆须以本行为抬头人，如进行顺利，预计佣金收入，亦颇可观。按本行近因代收鸿翔公司款项二千元，因未保险之货品被焚，致受损失，始注意及于代客保险一事。余意若能在未出事前，预为之备，最为上策，即在事后力谋补救，亦不为晚，所惧者，因循敷衍，始终置身事外，坐使银行受损失，为宜切戒耳。

（《海光》七卷五期，1935 年）

编后絮语

李桐村先生的谈话，每每针对不同行员，提出针对性极强的建议。如：对营业员（信贷人员）而言，应当与商店及顾客多接近，了解和掌握其真实经营状况，"以作本行与该号既有及将来放款之标准"。而兜揽生意，除了由营业员在行外跑街外，行内同人多与上门顾客接近也很重要，每一顾客均可相继兜揽其他生意。对储蓄人员，一面对于本行内容得有深切之瞭解，一面对于本行顾客方面可作良好之宣传，这比一般广告的效果好得多。收付款员与顾客最为接近，"收付之时，务须和蔼，不可以个人之喜怒，而易其对待顾客之态度"。以今日眼光看，这样的做法，大概可视为是分类指导吧。

林凤苞（生卒年不详）

　　江苏无锡人，曾留学美国威斯康森大学和英国伦敦经济学院，回国后，任职天津中国银行副经理。1941年兼任印度加尔各答中国银行经理处经理，后任中央银行业务局局长。

一、南北美区：我行在南美，向未设立分支，在北美原有纽处，今若添设行处或调整原有机构，总处各部门自可照通常手续施行，似尚不属复员委员会工作范围。至战后纽处业务，当有扩增之可能。如纽处须向国内征调人员，可由该处主管，预为匡计，与人事室筹商一切。至本行在南美应否添设分支及其范围如何，及需在国内抽调人手若干，总处各部门，俱可预为筹划也。

二、英国及欧洲区：意见同前。

三、南洋区：我行在本区机构现尚营业者，只有印、澳两处，不久缅战获胜，则我仰腊各地，必须复业，此为当今最迫切之问题。查缅处人员，除副经理及一、二主任外，多已分调各处，一旦仓卒恢复，招集必感困难，似应由总处预为筹划，假想派定。整个机构，至少须一经理、一副理、一襄理，及会计、营业、文书、出纳主任各一人。此批人员，目下仍办原有职务，先在渝、昆或印度候命，随盟军进展而出动；其委任及授权书，亦预为备妥，随时可以颁发，行使职务。关于头寸方面，尽缅处原有者为基本，事先并在英纽两处，预约透支额度，则临时不致竭蹶。更有进者，我加处现收各机关存款甚多，当初均系由缅处转存而来，他日缅甸克复，以地理关系，各机关自必随同迁移，其所存款项，亦势必转回原地，届时我缅处之复业，至迟不能在各机关复员之后，俾可衔接，而免款项外移之虞。在加处方面，孟喀、德噶各分处之设立，原为适应战局起见，将来缅甸克复，我国海口重开，本行在印机构，自必随时局而调整。查孟买为印度国外贸易中心，其特产之棉花、纱布与我国经济关系，亦较密切，将来应改为本行在印之管辖机关。加尔各答仍可设立分处，但范围则须缩小。此外喀德两处可以裁撤；噶林堡因毗连西藏，或仍可设一分处。是加处人员经过此种调整，尚有敷余，足供总处调派别处服务也。

此外，马来亚、荷、印、菲、越等地，若因局势骤好，急转直下，则我行因在马、印等地尚有巨额负债，必须赶往应付，允宜自为主动，以制机先。人事方面，当初各该行处所用土著员生，尚有遣居原地者，故招集不致过难，但主管人员，早已分散各行处服务，一至相当时期，总处亦应妥为布置，事先预为遴选。此种假定委任，为向例所无，但以现在局面，不失为一种有效办法。至实现时期，可久可暂，其中间亦不免有所变动，如当事者事前既奉指派，则责有攸归，不致临时趑趄不前也。

将来派至海外服务人员之待遇，其问题固极复杂，而症结所在，则为眷属之如何安顿。在此战争时期，不能人各携眷，但家人之住宿，儿女之就学，确于在外行员服务上发生心理上之重要影响，最好由总处统筹，以最关切之同情处理之。倘在海外服务者，能知眷属安顿有所，不至心悬两地，则自可俟战局过后，或携眷前往，或请假回视，或俟将来请求内调，则同人可以安心，而行方亦可收实效矣。

四、国内各区：将来反攻得胜，或系逐地克复，或竟席卷而下。我行复员，于前者场合应付尚属较易，于后者，则仓卒鸠集大批员生，必致捉襟见肘。尤其沦陷区内，我行之财产甚多，存户甚众，应付整理，刻不容缓，尤须预为筹措。更困难者，则我行从前沦陷区各分行之上中职员，多已调在后方担任要职，一旦战局好转，亦不容骤置后方各行于不顾，而况我总处，对于全国金融之地位，日益加重，战局大定，尤须力求充实，人位之分配更难，此则实为最重要之问题，不容恝置者也。

自我行移交发行权后，将来之使命，虽有发展国际贸易之名义，而职责笼统，迄无定论。外汇管理操之他人，若欲向政府请求，明定特权，既非现势所能，更非立时可待，无已，只有凭中国银行四字之悠久历史，在存汇放信四项业务上加强迈进，以求更增社会上之信赖，而俟一旦"使命确定"之来临。近来我行各地头寸短缺，常以向央行贴现为救济之策，惟以利率颇高，期限颇短，转辗循环，我行之实力日减，若以按月巨额之开支并计，行见现金将日趋枯竭。为今之计，惟有停添新设机构，并裁撤业务清简之分枝（凡业务方面，能收支适应者存之，其次，能吸收存款供给联支者亦存之，其不合以上两项标准者裁撤之，无所顾虑），似此则一方可以紧缩开支，同时又可将多余人员，另行支配。

如此，则凡员生战后不急于归故里者，不妨并入后方各行服务，其亟欲回籍，而服务成绩卓著者，亦可先调至总处办事，俟前方收复，各地设行时，尽先指派。有此安排，则于筹措首批出发人员，可期得一适当办法，（国内各地，交通较为方便，故将来移动，不如国外之困难，只须有一批预备人员，不必事先指定服务地点）。

原由沦陷区调至后方各行工作人员，离乡背井，甚至抛弃其家产于不顾，经受多年困苦，一旦战事结束，请求回里，收拾残余，殆亦人情之常。但一人调动，眷属随之，费用浩繁，固无论矣，万一争先恐后，而后方各行人手顿缺，何以维持？惟有预为调查登记，何人必欲回籍，何人情愿暂留？对于前者，以不妨碍彼时各行工作编次，陆续外调；对于后者，因其暂留后方，有裨行务，届时宜另给一种临时津贴，以资策励（此种临时津贴之用意，不但予暂留后方同人以鼓励，兼可为其委托亲友先行回籍探视之补助）。苟各员能确知依次得有均等机会，自可不致觖望也。

将来收复区复业之先后，当以业务之需要而定，但一时不能如战前地域之普遍，则可断言。苟能于主要地点充实机构，而于邻近之处，用通信方法与旧存户联络，或派员分赴各地接洽，可纾同时恢复多数分支之重负。至将来主要地点各银行，固将争相筹设，其稍偏僻者，四行不妨暂时互商分配，以免重复而节开支，亦不失为过渡时代之一种办法。各主要行之重员,以预先派定为宜,已如上述。如此则预筹组织及研究帐目、收集档卷等种种事务,俱可于复业前作一基础,不致临渴掘井。又关于此类预派重员,暂可予以"复业筹备员"名义,将来复业时,或即升以主管,或者另派职务,仍有伸缩余地。

战后人员之补充,应仍以公开招考大中学生为基本,至留学生及曾在别处服务,已具经验之忠信笃实有志事业者,亦应在严格甄选之原则下,广为罗致。至沦陷区中,未撤退从业人员,宜分为下列两项,斟酌任用之。

甲、卢沟桥抗战发生后,凡在沦陷区各行自动辞职离行之员生,未经投效敌伪组织(包括伪银行)者,得向总处存记,量才重为录用。

乙、太平洋战事发生后,在沦陷行之员生,继续在伪行任职者,其资格在事实上已划一时代,当视届时国家法令之规定而定其取舍(若其过去劳绩卓著,而确于维护本行有功,或奉命留守,查其并无瑕疵者,当示以宽大,继续录用之)。

我国政府战后经济之抉择,尚难预料,若采用管制方策,侧重国营,则生产荣悴,悉视政府之设施为转移,届时我行业务,若仅赖存汇为主,则收入必薄,支出更须撙节。反之,政府倘以吸引外资或奖励民营工商业为方针,则战后将呈繁荣,我行必须把握时机,力谋充分发展。尤其外汇方面,进出口业务,为我行关系最切最要之生命线,应如何整饬内部,充实人才,以期无负国际贸易银行之使命,并得与中外同业相颉颃,而不致落人之后,实为唯一要图。盖国内方面,与国际贸易联系之业务,如进口方面之生产工具"中期"贴放,出口方面之各种土货临时打包垫款,进而至于货仓转运、保险等附业,俱为一贯之有利事业,倘能经营得法,足以养行而有余。至于经理海外公私债票之还本付息事宜,办理侨胞汇款赡家及介绍资金内移等业务,因本行既有海外机构之设立,加以国内素来之信誉，亦足以占优胜而自强不息。所应警惕者，则自平等条约签订后，外国银行在内地之活动范围较广，而本国同业之竞争，亦将更烈，均不容漠视，是则端赖我行上下同人努力之程度如何而已。复次，或谓我行机构既有国内海外之分，为储备员生计，亦应作个别之训练与征调，此肤见也。盖我海外行处，所处理之事，除有关当地法令及其特殊之政治经济外，其余一般业务与本国实大同小异。且对其时刻所接触之侨胞与使领，尤不啻同处本国之内，我当事者，苟不能深知国人之心理风尚，熟谙国内之政治经济，则将遇事扞格，动生困难。又如对于侨胞及外国官商所咨询之我国经济状况，或委办国内事件，若不能应对得体，言之有物，久之，彼等见我对其所需求者，既未能有所贡献，势必日趋疏远，而生轻视之心。更自他方面言，国外枝叶之荣枯，及其本身之力量，亦端视国内基干信誉之隆替及各行外汇业务之繁简而定。凡最要之汇兑收解等业务，实际上多受国内联支之委托。此外自身主动之开立信用证，以及外商之征信等事，及胥赖国内各行承办之是否竭诚合作与准备敏捷。是我行一切机构，无分内外，固属一体，而员生之训练征调，实系整个而不宜区分者也。所幸我行同人，新进日多，在不久之将来，可不因文字之困难而感中外之异趣。益以世界之交通日形便利，内外之互相调职，渐成平易，则一切问题，当可迎刃而解。我复员委员会，既以我行在全球所有之行处为对象，则讨论海外员生之甄选问题时，仍须于上述各点，予以注意焉。

（中国第二历史档案馆藏中国银行档案）

编后絮语

作为中国银行战后复员设计委员会委员，林凤苞先生的这份"条陈"视野宽阔，并具有相当的前瞻性。战后的中国银行，如何在南北美地区、英国，欧洲区，以及南洋等区域,重新设置分支机构,积极开展相关业务,固然是相当重要的问题;而派往海外服务人员的待遇问题,同样不可忽略,尤其是眷属的安置问题,包括家人住宿、子女就学等,"确于在外行员服务上发生心理上之重要影响"。再有,对于原由沦陷区调至后方各行工作人员,应如何妥善安置,同样也是值得特别关注的。关注人本身,有时比业务经营更为重要。

吕苍岩（1902~?）

名贤柏，江苏无锡人，1920 年 6 月进入上海商业储蓄银行南京分行，此后任天津分行助员、会计员、襄理，芜湖支行经理，南京分行副经理、经理等。

津银号倒闭之研究

　　天津金融界握有一部特殊势力者,厥为银号。银号之组织,吾人尝详为研究,内容固无异上海之钱庄,惟天津银号近年势力弥漫,操纵天津金融界之权力,则远非上海钱庄所可及。吾人初对银号出立之拨码,及银号对银行出立之番纸等问题,即深为诧异,他若银行凭跑合者开洋厘申汇行市,尤觉为特殊办法,因益知天津号之势力沛然莫御也。天津地面大小银号,至今计有二百余家,其间颇有区别,如西帮、本帮、东帮,各有一部往来客家,至其资本,则十万、八万不等、然营业之范围其广,往往放款在百万以上,故其存款吸收,亦极见手腕。吾尝谓银号以极微之资本,能收大宗存款,展转放出,其利益之丰厚,远非银行可比,然其操虑苦心,尤比银行为深。盖一旦市面忽起风波,存户纷纷提款,而放出款项一时难以收回,倘或应付不到,即有被挤或搁浅之事发生。近数日来,银号风潮骤起,市面即呈狂涛骇浪之象,计先后倒闭者已有六七家之多,恐相继而被牵连者,尚难幸免。兹将倒闭之最大原因,分述如次。

　　一、银号对于存放款项,缺乏统计办法,故于存款准备,平时未能注意,一旦发生风潮,措手不及,致成僵局。

　　二、会计组织之不健全,实为失败之一大原因。记者有友曾承办某银号清理事件,见内中帐目,有背会计学理之处甚多。而每年盈余之款,亦不照理结转,仅至年终提出现款一部分,作为官利及同人酬劳等等,可知其平时所报告盈余若干,全属空谈。虽各银号之帐目,是否一律如此,不得而知,但其组织之不完善,固瞭然在目矣。

　　三、各事均守秘密不能公开,亦属银号之一种旧政策。设如某字号倒闭,银号已吃一笔倒帐,然先则是般掩护,不令人知,事后对于此项损失,如何处置,又不公开。一旦同业中发生事故,存户方面,或有深悉此中情形者,乃起恐慌,纷纷提款,因此引起意外波澜,此次倒闭多家,内中不乏此等情形也。

四、银号当事人任意支用款项,尤属奇闻。传闻此次倒闭之某某银号两家,皆被掌柜挪用巨款,按之法律属刑事范围。此风不加补救,吾恐银号之破产终有一日也。

五、银号之放款,不研究对方之底细,完全以情面为转移。如某甲明明一无信用资产之人,只须与银号当权者投契交好,即可任意用款。此种政策,银号不失败尚待何日。

统观上述各点,仅就其较为扼要者举而论之。总之在今日潮流之下,吾人应以新敏之思想,活泼之头脑,作为商战之利器。银号既占金融界之重要位置,自应从革新之路而谋进展。兹篇所论,不过为银业诸君有所借鉴而已。

(《海光》一卷九期,1929 年)

编后絮语

曾经兴盛一时的天津银号业为什么会出现严重的危机？吕苍岩先生列举和分析了天津银号倒闭的数种原因,包括会计组织不健全、各事均守秘密不能公开、当事人任意支用款项、放款完全以情面为转移等等,不能说没有相当的道理。然而根本原因,还在于未能严格按照经营金融业的基本规则办事。譬如严密的会计组织、适当的透明度、对高管人员的制约,以及对贷款的严格要求等,都是经过了无数次惨痛教训之后换来的基本经验。应当承认,尊重和执行市场规则,本身就是"商战之利器"。

潘仰尧（1894~?）

名文安,江苏嘉定(今属上海市)人,清光绪二十年(1894年)生。江苏太仓师范学校肄业,江苏神州法政学校毕业。1932年任中国征信所经理。全面抗战爆发后,曾任四行储蓄会秘书、中国工业银行设计处处长。1941年6月与王永康、经润石等发起设立永丰商业银行,任董事长。

一、绪言

尝读《银行周报》第十六卷四十七期董肇骏君"论信用调查对于银行事业之重要"一文,将旧式依靠办事员记忆,以判定借户信用之制度,不能适应现代经济潮流,并建议各银行应即设立信用调查部各端,阐发靡遗。夫银行信用调查,为保障投资、扶助实业之重要门径,顾欲使此项职能之充分发挥,必先有健全与强固之组织;信用调查部,为实施信用调查之中枢,对于银行业务之盛衰,社会经济之兴替,关系至巨。爰将重要各端,就观察所及,加以论究,俾与董君之文相参证焉。

二、从依赖办事员记忆之不可靠方面观察

我国旧式银钱业对于往来户之招揽调查,甚至决定放款,类多托诸一部分办事员,即俗称跑街。所谓跑街者,日常奔跑于工厂商号之门,或涉足酒肆茶坊,偶或探悉某商家营业兴盛、身家殷实之片段消息,即设法前往拉拢,请其开户,或且与以款项上之融通。银行当局,对于客户放款之靳兴,全凭跑街之口头报告而决定,故往往由甲跑街经手所放之款,所有该户之一切进出交涉调查等事,均由甲跑街负责担当之,他人不加干预。姑无论跑街所报告之资料,类都模糊抽象,出自传闻,或仅凭一己之爱憎,而为主观之臆度,不能尽信,即往来户信用上之资料,全恃跑街之记忆,设或跑街死亡或解职,则该户之信用程度,竟无资料足资依据,其为不足依恃者,彰彰明甚。

三、从信用调查职能扩大方面观察

往昔银行放款,所收受之抵押品,如房屋、基地、机器、商品等项,因经济社会之组织尚属单纯,故检验评价,亦颇易为。时至今日,经济组织,错综复杂,瞬息万变,昔日只有砖木构造之房屋,今则有钢骨、水泥、大理石等之分。各处基地市价,昔日城南郭北,相差无几,而今则既有华界、租界之高下,复有浦东、浦西之轩轾。机器一项,昔日大部用蒸汽发动,今则有电力、水力,内燃、外燃之区别。至若商品市价,在昔终年平定者,今则因受世界市场之牵制,朝涨夕落,恬不为怪。故银行于收受上述各物作为放款之押品时,表面评估,尚感不足,必经信用调查部之考证专书,参酌入微,回顾既往,瞻望前途,与以精密之估计,方能确定垫头(Margin)之大小。

四、从信用分析方面观察

欧美各国,商业社会,组织较为健全,商人之智识程度,亦在我国商人之上,故营业状况,较为公开,信用调查机关,如 R. G. Dun & Co. 与 Bradstreet 及各银行调查部等,其评判商家之信用,不仅依据采访所得之消息,同时并将各商家发表之决算表,加以分析,核算其偿债能力及商品回转率等,参考互证,所得结论,易臻准确。回顾我国过去银钱业之跑街,除耳闻目染所得之模糊影像外,对于决算表分析 Statement Analysis 一项,绝少取材。良以我国商业社会,尚属幼稚,商事法规,诸多未备,政府不加监督,商家尤喜讳饰,故除极少数开明之有限公司发表其决算表外,其余竟不易探悉其营业上之数字。差幸年来政府已渐注意及此,公司组织之商家,大都已有决算表之公表。虽我国会计制度,未臻完密,商家发表之营业数字,容有未实,顾以之与探访所得之资料,相互参证,要亦足以表现其财政状况之一斑。故银行于判定放款户之信用程度以前,决算表之分析,实属不容或缺,而正以此项工作非三数跑街所能胜任,故有设置信用调查部之必要。

五、从集中资料方面观察

现代商业社会组织之复杂,既如上述,故一事之起,往往牵及他事,蔓结株连,各成因果,有求之于此,殚精竭虑,不能得其线索者,而求之于彼,则举手投足,转瞬而洞悉底蕴。常有单纯之事实,简短之数字,单独置之,毫无价值可言,而一经集中,则或与人以重要之线索,而成为极有价值之资料。故欲求信用调查效率之提高,贵乎资料之集中,而信用调查部之设立,正所以集中资料也。

六、从银行之社会功用方面观察

银行为受授信用、调剂盈虚之机关,其营业方针之确定,影响于社会经济者至巨,故银行审时度势,发挥其调剂之功能,短者融通之,以助长其发展,裕者收缩之,以防杜其过剩;惟欲期观察之准确,端赖精密之统计。信用调查部,为集中调查资料之专部,条分缕析,洞鉴盈虚,其指示银行营业之方针,直接助行务之发展,间接所以谋工商之进步,社会之繁荣也。

七、结论

信用调查部,对于银行业务上之辅助,吾人既加以认识,则银行营业之进展,信用调查部实为向导。尝查上海各银行之已设立信用调查部者,尚居少数,他日继起设立者,必如雨后春笋,良以事实之需要,有以使之然耳。

(《银行周报》十七卷四十六期,1933 年)

编后絮语

旧式银钱业对于往来户的信用并非没有调查,但主要依靠的是"跑街",局限性确实不小。而随着社会的进步和经济的发展,对于抵押品价值的评估,放款户决算表的分析,以及商业大数据的统计与分析等等,显然是"跑街"们所无法胜任的。在尽可能利用社会信用调查机构资源的同时,在银行内部设立符合现实需要的信用调查部,显然是十分必要的。反观今日的银行业,对贷款客户信用问题的重视程度究竟如何?在银行内部配置的相应资源究竟有多少?又有多少家银行在内部设立了类似部门?倒确实是值得认真反思的。

宋汉章（1872~1968）

原名鲁，原籍浙江余姚，清同治十一年二月二十九日（1872年4月6日）出生于福建建宁。早年就读于上海正中书院，肄业于上海中西书院。1897年任职于通商银行。1906年后任大清户部银行北京储蓄部业务主持。1907年起，历任户部银行、大清银行上海分行经理。1912年2月任中国银行上海分行经理。1918年7月任第一届银行公会会长。1925年任上海总商会会长、上海银行公会会长等职。1928年被选为中国银行常务董事。1931年任新华信托储蓄银行董事，同年创立中国保险公司，后又发起中国保险学会。1935年3月任中国银行总经理。1946年任四联总处理事，并任中国银行董事长，中一信托公司董事等职。1948年4月任中国银行董事长。1949年5月前赴香港，中华人民共和国成立后，仍被推为新生的中国银行董事。不久去巴西，1963年返回香港定居，1968年12月去世。

我的经营『保险事业』之生活

董孝逸君以《中行生活》本期将刊印周年纪念专号，要求不佞作文，来意挚诚，未便固辞，姑以现在经营保险事业之生活，撰成短文，借以塞责。

按保险为经济科学中一种学问，意义甚为深奥，与银行之学相类似。若为水火险专家，在欧美大学必须专修三年，方能毕业；寿险则须专修四年，洵非易事。汉章猥以菲材，承各方垂爱，委办中国保险公司之事，感愧并集！盖以汉章年逾花甲，两耳失聪，又于保险之学全为门外，诚谚所谓八十岁学跌打也。

汉章昔在银行服务，按部就班，指挥若定，盖以人来就我范围，严肃为容，尚无大碍。今则不然，保险一业，即以上海一处言之，洋商分公司以及经理处共计一百四十八家，每年常年保费收入平均以七万五千圆计算，已逾一千万圆；华商公司二十三家，尚不在内；此外保险经纪人等恃此为生者，更不知凡几也，竞争激烈，无庸讳言。而对于保户必须亲自过访，或派人代表，无异沿门托钵，尚须以信用、势力、感情、手腕相维系之，而其事能否有成，亦难预卜，盖兜揽者众，往往恃亲谊、凭势力者捷足已先登之矣。不特此也，保费价目，虽有规定，而折扣放大，无以复加。甚至保额千圆，而净得保费有在二圆以内者，较之银行存息至少每百圆常年二厘，已大相径庭矣。

至保险公司承保水火险数量，原保公司本身应受若干，必须预定一种限度。但保额若定之过小，固无利益可言，反之又迹近投机，危险孰甚？故须视原保公司资本之大小及业务状况之如何为断。此外保品之优劣，亦须顾及，然后与分保公司订立契约，以溢出之限额,分与分保公司负责承保,并给予原保公司手续费。但本公司正在幼稚之秋,公积金分文无着,其大部分生意之所以分与分保公司者,实为慎重将事起见,有迫不得已之苦衷者也。

本公司创办时,曾与六家华洋保险公司订立火险分保契约。迨至上年年底,汉口民生堆栈失慎,损失约银十万两,本公司自身损失只有五千余两,余归分保公司分担;但不旋踵而有两家公司先后来信,取消分保契约。故为保险公司受保火险着想,最好祝融氏不劳驾,否则即使原保公司为谨慎计,本身部分减少,将大部分分与分保公司,以为粮台有赖,可无后顾之虞,而不知赔款数量,一旦较大,分保公司得不偿失,欲其合作,不可得矣。

他若水险问题,国外水险颇为保险公司所欢迎,盖以外洋船身坚固,设备完全,出事较少也。但保户皆依洋商,因国人向外洋定货,每每转托洋商办理,自行直接来往者,寥寥无几,故国外水险生意,均落在洋商保险公司之手。国内水险则常因航路崎岖,船只不良,动遭出事,危险难测,因之本公司对于水险,益觉履薄临深,不敢勇为。惟于无可奈何中,略为点缀,曾与两家保险公司订立水险分保契约,其他若人寿保险正在筹备之中,又汽车等险亦经添办。

汉章办理此事以来,屈指一载有半,就我观察所得,虽并非因难而退,但审择保品,必须严格,要以上等者为目标,其次价格虽好,宜拒绝之,以免得不偿失。趁此机会,聊附数言,贡献于各经理诸君,当必同心协力,俾观厥成,不禁馨香俟之。

(《中行生活》十三期,1933 年)

编后絮语

一个非常资深的银行家,转而去创办中国保险公司,并向曾经的银行同事们交流从事自己保险业的体会,这本身就是一件很有意思的事情。有两句话:"它山之石,可以攻玉";"不识庐山真面目,只缘身在此山中";如果用来理解宋汉章先生这篇文章的内涵,也都很合适。宋先生在文章中提到,"审择保品,必须严格,要以上等者为目标",以及"价格虽好,宜拒绝之,以免得不偿失",讲的虽是保险,但其中所蕴含的道理,又何尝不是银行业崇尚的经营理念呢?

孙瑞璜(1900~1980)

名祖铭,江苏崇明(今属上海)人,清光绪二十六年(1900年)生。1921年毕业于国立清华大学,赴美国留学,先后获纽约大学学士、哥伦比亚大学硕士。1930年3月任上海邮政储金汇业局会计处副处长,同年10月任新华信托储蓄银行副经理,后改称副总经理。1935年继任中国征信所董事长。全面抗战爆发后,主持上海总行行务,管理沦陷区新华银行上海、北平、天津、厦门等分行业务。1938年6月任上海市银钱业业余联谊会理事会主席,太平洋战争爆发后,自动辞去银联会主席职。抗战胜利后,王志莘回沪主持新华银行行务,孙瑞璜仍任副总经理,另任大安保险公司、大同商业银行、中国投资公司等机构董事。1950年上海十一家大型银行组成联合总管理处,任沪区业务委员会主任委员。1952年任公私合营银行上海分行副经理。后任中国人民银行上海市分行储蓄所副处长、分行副行长等职。1958年任公私合营银行常务董事和中国银行上海分行顾问等职。1980年5月9日因病去世。

银行之经营

诸位先生，今天能够到这里来和各位谈，觉得非常荣幸。起初，鄙人本不敢答允，因为"银行之经营"这一个问题，没有什么可讲。银行的经营，在现在是一件很容易的事情。要办银行，资本一千万，这一千万，现在不过是一条金条而已，像样一些的烟纸店，它的资本，还要超过好几倍。银行开设的地方，现在也不一定要高楼大厦，随便什么巷堂里，或比较荒僻一些的地方都可以。人也是随便什么人，织布的，打铁的，捉鱼的，卖酒的，都可以办银行。所以我觉得办银行是太容易了。今天再要讲，银行应该怎么办，恐怕有人会说，"连请你讲的人，也带着'吃豆腐'的意味在内。"办银行，是容易的事情，大家都知道，不必我再来讲；银行如何经营，如果拿我十五年来服务的经验来讲，也不是一小时半小时讲得完的；并且讲起来，又是各位都知道的，徒然使各位荒废光阴，所以起初是不敢担任和各位来谈这个问题。后来联华银行当局，张总经理，再三的，一定要叫兄弟充数，我想临时推却，势必要使各位荒时废事，又要花费车钱，我再不来，就未免太过意不去了。所以今天就我经验所得的，关于银行经营，来谈谈，以资塞责；如有不对的地方，还请各位原谅。

在座各位，我虽不很知道，想必有许多是已经在银行服务，有许多虽没有进银行，但是预备将来到银行里去做事情的，或者尚有许多虽在他业服务，而对于银行经营一定很有兴趣，否则，就决不会到这里来听讲了。

在讲银行经营之前，先把普通一般人，对于银行的印象，简单的说一说。一般人的印象是，银行是高楼大厦里的商业机关，好像不是高楼大厦，便不成其为银行。又银行里做事情，叫做"金饭碗"。还有在报纸上常常可以看到的，说银行职员对待顾客很不客气，他们的面孔很难看。还有话剧《日出》里面，描写的典型银行家。还有一句描写深刻的话说，银行员在银行做事，是"神仙老虎狗"，一切舒服的享受，赛过"神仙"，凶的样子，好像"老虎"，请人家帮忙的时候，像只"狗"。总之，以上种种，都是外间对于银行或银行人员的印象。这种印象，是不是对呢，不能说不对，亦不能说完全对，银行的性质是值得我们研究的。

银行的性质，究竟应当怎么样？在经营银行之前，先要有一番的研究，然后认清经营的方针和目标，按步做去。如果像瞎子摸象，摸到了鼻子，说这像柱子，摸到了象的肚腹，又说，这像墙壁，这种局部的认识，往往不准确。所以经营银行之前，先要有认识，银行是什么。当然，我相信在座各位，都能答覆，银行是一个"受信授信"的机关，大家都知道。但是知道了这一点，是不是就算够了呢？是不是就算已经认识了银行的性质了呢？不够的！银行当然是"受信授信"的机关，不过除了这一点意义之外，还得要加几点：

（一）是，银行不是一个人私人的事业，是一个社会公共的事业。私人事业，如做一点小生意，或办一个工厂，或设一个字号，这是私人事业；做好，由个人享受，做不好，也完全由个人负责。银行则不然，办好，不能就作为私人的享受，办得不好，也不是由个人负责就完了；因为银行对于社会的关系实在太大，一个银行的不好，可以影响到整个社会。

（二）是，银行不是一时的，是长久的。我们设一字号，开一爿商店，这是私人事业，责任，不过是债权债务，债权债务料理清楚，责任就算尽了，所以不妨今天高兴就开，明天不高兴就可以停。但是银行对于社会的关系太大，所以不能要办就办，要停就停。不能说，今天高兴，盘一个银行来办办，在转手的时候，连内部工作人员都不知道，到了明天，银行换了老板。这种情形，对于内部，影响还小,不过使一部分人失业,——新老板,另有班底,——对于社会,一般人还以为这家银行,主持者仍旧是这几个人。这种影响之大,就不言可知了,所以银行,不是临时的组织,而是长久的组织。

(三) 是,银行是一个营利机关,讲赚钱的,同时也是一个为社会谋福利的机关。因为银行对于国家,社会,及一切事业的关系都很重要,虽不是专利性,但是有公共性的,所以银行的本质是"受信授信"的机关,是"公共性"的机关,不是私人的机关,是"长久"的机关,不是要办就办,要停就停的机关。同时,银行是为"社会国家谋福利"的机关,不是纯粹的谋利机关,所以在经营银行之前,一定要有这种认识。假定没有这种认识,把银行当作私人事业,经营银行当作发财,这是将来社会一定不会容许的。所以经营银行之前,一定要认识银行的性质,事前没有认识,办了银行,将来一定要得到后悔的。

在有了认识以后,就得要决定经营的方针。经营的方针,可分为三点:(一)人事;(二)手续;(三)业务。就是说,在有了认识以后,对于银行,应当由什么人去办,怎样去办,及办些什么,这三点,可以根据以上的认识,来加以决定。

(一) 充实人事。简言之,不外选择谨慎、位置得宜、公平甄别的三个步序。用人,一定要采取人才主义。人才是各方面的,不一定是亲戚或朋友,所以专用私人是不行的。现在一般普通机关,用的人,不是本家,便是亲戚,不是亲戚,便是朋友,用人全重情面,不重人才,结果是你自己吃亏。因为办好一件事情,必须要有好的人才去办,任用私人,结果不是使事情办不好,便是有事情没有人办,所以人才必须各方罗致,慎重选择。

人才有了,对于所得的人才,还要好好的来安插,务使各得其所,各尽所能。如果有了人才,不去好好的安插,使他们"有力无施处",是非常可惜的。所以什么人才,做什么事情,负什么责任,都应当妥为安插。

人才有了，安插也安插好了，假定没有良好的甄别考绩制度，还是不会有良好的结果。一定要赏罚分明，成绩好的赏，成绩不好的罚，以大公无私的态度，公平的甄别，不要因亲戚朋友而放松，关系浅薄而忽略。如果没有公平的处置，内心就有不平，内心有了不平，办事就有了阻碍，对于事业的发展，一定要受到很大的影响。

人才有了，怎么样去做，这就是银行的"手续"，简言之，不外二个原则：

（一）对外取其便利，应当为顾客着想。

（二）对内取其严密，防止错误。如果常有错误发生，对外便会失去信仰。

人才有了，手续定了，它的业务怎样呢？刚才说过，银行不单是营利机关，也是为社会国家谋福利的机关，所以不是只要银行有利，就可以做，而是要社会有利，才可以做。我们对于"鸦片""赌场"的放款，可以做吗？讲到银行的利益，一定可以很优厚，讲到稳健，也可以很稳健，但是对于社会呢？不利的。对于社会不利，对于银行虽然有利，但不能做。

对于银行的性质是认识了，怎么样做的方针也定了，人事，手续，业务，也决定了，做的人应该怎么样呢？就是说经营银行的人员，应该具备些什么条件呢？我以为经营银行的人：

第一要有高尚的人格。人家相信银行，拿钱存给你的银行里，银行是空的，既不是相信你房子，也不是相信你的手续，完全是相信你银行里主持的人。如果主持的人，吃喝，嫖赌，做投机，这样的私人行为，大家都不赞成，人家还敢相信你吗？所以一定要有高尚的人格，不但公生活规正，私生活也要规正。

第二要有深湛的学问。刚才说过，办银行是一件容易的事情，但是严格的说起来，并不是一件容易的事情，不是单单钞票的"存""放"，就算是银行了。从前没有法币，就有现洋与钞票的关系，国际通商，就有美金及英镑的联系。就拿币制变迁的情形讲，币制变迁为什么变迁？今后又如何变迁？别国的银行这么办，我们应当怎么办？有许多是不能靠经验得来的，人家行得通的路，用之于我们，不一定完全都对。将来政局如何，工商业如何，交通情形，国际变化情形，贸易情形，如何出路，讲起来问题很多，这些问题，都是和银行直接间接有关系的。假定没有深湛的学识，不能认识或判断这些问题，要办局部的银行，也许可以，要想发展，恐怕就不可能。

第三是要有健康的身体。有了高尚的品格，深湛的学问，身体不好，还是有缺点，所以经营银行的人，身体一定要好。因为银行方面的事情，适应环境，应付周旋各方面的，例如对外的应酬，似不必要的，但是有许多地方是不可避免的，所以经营的人，健康也是应当具备的条件之一。

以上三点，讲起来好像是"老生常谈"，实际是很切实需要的条件。

对于银行性质有了认识了，方针决定了，经营银行的人，也具备了以上的三个条件，就可以把银行办好了吗？不，其间还需要一点联系的东西，可分四点：

（一）深刻的观察。对于一件事情，要能够观察，看出他的底细，这就一定要靠经验和学识。像上一次丘吉尔的辞职，上海的市面，就发生了波动，以为国际情势，有所变动，至少对于苏联或许有发生冲突的可能。其实这种见解，是种错误，丘吉尔的下台，不过是他们国内党与党之间的关系，对外交似暂不致有何变动。没有认识的人，以为很受影响，这是观察不清楚。又如，最近发行的"金证券"，对于金融上有什么影响？我们办银行的人，就要有深刻的观察。观察很难，等于医生诊断病人的疾病，诊断对了，用药是容易的。观察事情，不但对外，对内亦然，就是同事之间，如果今天发现某职员迟到，你不应就去责备他，应当调查他，还是天天如此呢？还是偶然的？如果一向不迟到，今天有了不得已的事情，便得原谅他。所以观察不仅大事情需要，小事情也需要。

（二）镇静的态度。银行的经管，当然采取稳健，对于任何事情，一定要沉着应付，不可有躁急表示。

（三）和蔼的应付。对待顾客，需要和气；不但顾客，就是同事间，也是如此。中国生意场中有句话，是"和气生财"，欧美各国，也有一句，是"顾客是银行的生命线，所以一定要和气"。

（四）公平的处置。这是一件天下最难的事情，天下没有不私心的，用人是亲戚好，做事是朋友好，不过为了私心，结果是自己吃亏，不能令人心服。不心服，就不会有真心对你，事情不能推进。

假定要经营银行，有了正确的认识，决定了合理的方针，经营银行的人，也具备了高尚的品格、深湛的学识、健康的身体这三个条件，又有了深刻的观察，镇静的态度，和蔼的应付与公平的处置，我想这一个银行，一定会成功的。当然，一件事情，决不是"一蹴即就"，今天做，明天就成功，没有这样容易的事情，所谓"十年树木，百年树人"，能够专心做去，三年，五年，十年，数十年，总会成功的。成功，不是机会运气，是要靠我们继续不断的努力。我想这样经营银行，最后一定可以达到目标，就是成功的银行。

今天在座，我不知道有多少位现在银行服务，我想就是不在银行工作，对于银行经营，一定很关切，因为这一点，所以鄙人敢大胆来讲。当然做事不在会说，会说的未必能做，能成功，所谓"为政不在多言"。鄙人不过随便说说，恐怕说得不得当，还请各位指教。

（《银行周报》二十九卷二十九至三十二期合刊，1945 年）

编后絮语

要说清楚"银行经营"这个重要问题，确实非常不容易。不过，到了孙瑞璜先生这里，就不是那么困难了。在他看来，关键在于认识清楚三点，一是银行性质，二是银行应当由什么人去办，以及银行办些什么。而且他的语言非常风趣,充满了幽默味道:比如形容银行员的"神仙老虎狗";比如说到公平,"不要因亲戚朋友而放松,关系浅薄而忽略";比如说到观察,"观察很难,等于医生诊断病人的疾病,诊断对了,用药是容易的";比如说到私心,"天下没有不私心的;用人是亲戚好,做事是朋友好";等等。一个老银行家的举重若轻,于此可见一端。

谈荔孙（1880~1933）

字丹崖，祖籍江苏无锡，寄籍山阳（今淮安），清光绪六年十一月十二日（1880年12月13日）生。1902年在南京江南高等学堂学习，1904年入东京高等商业学校，攻读银行经济专科，毕业后在日本银行实习。1908年应张謇之聘，任江南高、中两等商业学堂教务长兼银行科主任教习。同年8月参加清政府举办的留学生科举考试，获商科举人，派任度支部主事。1911年调任大清银行稽核。南京临时政府成立后，应聘赴南京财政厅任职。1912年任中国银行总行计算局局长，后转任国库局局长。1914年任中国银行南京分行行长。1918年调任北京中国银行行长。1919年大陆银行成立于天津，公推其为董事长。1920年辞去中国银行职务，任大陆银行董事长、总经理，后曾兼任交通银行、中国农工银行董事。1931年大陆银行与金城、中南、交通、国华四银行合营太平保险公司，任公司董事。1933年2月25日因病在北平去世。

今日为本行第六次行务会议，即为本年第一次行务会议。年来政局纠纷，国库如洗，自去年春夏间直奉之战后，金融益见疲滞，商业益见萧条。我行去年营业幸未受大影响，年终结账，其盈余虽未能较往年增加，然亦不相上下，殊堪庆幸。惟今年政局更形紊乱，金融尤为紧迫，环顾四境，危机丛伏，或竟于不知不觉之中突然发生极大之风潮，亦未可知，平时措置稍有不慎，届时即蒙其影响。且我国金融界情形与欧美各国不同，在彼各国金融界有统系之组织，即使遇有反潮，随时可以救济。若我国金融界散漫如散沙，中央银行毫无实力，平时既不能为商业银行之后盾，临时则自顾不遑，岂能顾人？处此时局，欲求稳健，惟赖自备武器以自固，预匡头寸以自防，斯所以亟应研究而加以特别注意者也。

查银行对于头寸之匡计颇非易事，其难不仅在布置于银根紧迫之时，而实在措置于市面平靖、银根宽裕之时。盖当市面平靖之时，银根又宽，多款必巨，势须广求用途以资利殖，彼时往往只求款项之用出，图利于一时，而于期限之套搭及用户之选择多有忽焉，不暇计及者；一旦银根骤紧，所放之款不能应用，此时必有捉襟见肘之象。推原其始，实不在于当时，而早伏因于市面平靖银根宽裕之时，以前之银根愈宽，多款愈巨，则此时之受害亦愈烈，往往因星火燎原牵及全局，危险孰甚。嗣后我行对于布置银根，应用步步为营之法，每当银根宽裕之时，必须计及银根有紧迫之会，各种放款数目宜小不宜巨，长期尤不宜做。兹决定四种办法如下：

（一）信用放款须择妥实可靠（即到期可以确定收回者）之户。逐笔期限须先后套搭，务使每星期或每旬或一月，均可有款收回；

其信用稍有含糊者，虽有厚利亦绝对不做。

（二）货物押款宜选择易于销售，有确当市价之货物短期押款。设遇银根紧急，自有武器可恃，充其量转押他人，亦可掉回现金。

（三）透支放款必须活动且须有存有欠。信用较薄者宜有押品，期限以半年为宜，每次到期须审查以往之情形，如确合透支放款办法者，方可继续。

（四）中央及地方政府直接间接有关系之投资，以不做为原则。如确有稳妥可靠者，必须将详细情形商明总处，候核准再定。至各行经副理，平时对于一行及其所管辖之支行、办事处，资产负债宜通盘筹算，以若干成为信用定期放款，以若干成为透支放款，以若干成为货物押款，以若干成为确实有价证券之购置。各地金融情形不同，各行筹算办法自不能一律，应由各行各自按照各行内部及市面情形妥为规定。

（天津市档案馆藏大陆银行档案）

编后絮语

大陆银行在谈荔孙先生主政时期(1919～1933)，总体经营效益相当不错，这与谈先生制订的稳健营业方针密不可分。在谈先生看来，在中央银行尚不能真正成为商业银行后盾的客观情况下，“惟赖自备武器以自固，预匡头寸以自防”；“对于布置银根应用步步为营之法，每当银根宽裕之时，必须计及银根有紧迫之会，各种放款数目宜小不宜巨，长期尤不宜做。”对信用放款、货物放款、透支放款，以及中央及地方政府直接间接之投资等，谈先生都提出了非常明确的指导意见。对今日的银行管理者而言，这些观点乃至具体思路，仍然具有相当的参考价值。

唐庆永（1906~1993）

　　字师莱，号季长，1928年毕业于光华大学，同年到美国留学，先后在俄亥俄州立大学、哥伦比亚大学就读经济学，获哥伦比亚大学经济学硕士。留学期间，曾加入纽约茄兰蒂信托公司，回国后在交通大学任讲师。1936年进入商业银行任职，曾任上海、杭州、苏州、成都等地的上海商业储蓄银行分行经理，著有《现代货币银行及商业问题》。

吾国银行应采取之放款政策

存款放款，乃银行最重要之业务。银行若无存款，即失其为转辗货币之机关的资格，无以继续营业；若有存款而不能放款，则所吸收之存款，将成呆资，银行立将倒闭。夫银行开设后，能求其有信用，存款即可望其源源而来，不过有存款之后，如何能稳妥放出，放出之后，是否可以如期收回，利息如何，借款之目的如何，于我国民经济究有何利害，均须详细考虑，所以免款项放出后发生种种问题，影响存款者事小，扰乱国民经济事大，故欧美各国银行家，放款时每注意所谓放款政策者，其用意可谓深长矣。考吾国诸银行，亦有重放款政策者，惟因营业上不得已之苦衷，政策不能施行者比比皆是。然政策之当确立，是任何人所不能否认者也。

世所谓四大 C(Four Big C)者，银行信用之要素，即放款政策之原理也。四大 C 者维何？一曰品性（Character），二曰才干（Capacity），三曰资本（Capital），四曰抵押品（Collateral）。银行放款时，既须考虑种种问题，已如上述，其基本条件，实不出此四大原则。盖放款事业，对于银行本身言，自当先从利己之点着手。第一问题，即为此一笔款子放出之后，其危险性大小如何；易词以言，即此款将来是否可得安全收回也。

故银行放款时，对于借款之人，必由银行放款部主任或银行经理详细询问。在谈话之间，视察借款者情形如何。其品性行为神气之表现如果诚正，其道德必佳，则放款后，彼不致悉以之用于有害社会之途，而不能收回。

不过品性好而无才干，仍属无用，盖无经营事业之才，终必失败，而所放之款，殊不可靠。然谈话之际，欲求明了对方之才干似较难，故每询问对方所营事业状况如何，是否进步抑或退步，同时再视其所办企业之营业报告，及历年资产负债表，详细比较。倘有盈余，而逐年增加者，可知其人办事才干不差也。

有好品性、好才干，再求其有资本。此点亦可于对方私人账目，或所办企业之资产负债表中调查之。设其人储有多数资本（不论流动资本或固定资本），一旦事业不幸倒闭，银行仍有被偿还所借款之机会。

除上述三原则外，复重抵押品。近日趋势，银行放款，重抵押品；盖品性、才干、资本三者，均甚空泛，不若抵押品之实在。设放款有抵押，将来借款者不能如期还款，银行可将其抵押品变卖，不至受亏也。故今日欧美各国银行界，莫不视抵押放款为唯一要业，而对于信用放款，则淡焉漠然。不仅欧美如此，即吾国除少数钱庄外，亦何独不然？

虽然，政策并非固定不变，重能善于运用。放款原则，实际上甚难完全办到，抵押品固为放款绝好之保障，但其性质互异，难免因种种问题而起波折（如抵押品性质失诸呆笨，少伸缩性，市价低落不易脱售等等，均足影响银行之放款）。故愚谓银行放款时，放款部主任或经理，贵在能随机应变，视察环境，一方面自当本政策原则进行，一方面先宜注意借款人品性如何，对于银行之关系如何。如对方为一年轻、有职业、有为之青年，于银行已有往来帐目，且年有增加之势者，抵押品大可不必；而银行对于此种人，应尽力帮助，较与素无往来，而有抵押品值万元者，实高多多矣。然则，银行放款部主任及银行经理人材之重要，又乌可忽哉？

总之，上述银行放款政策四大原则，并非铁律，主持银行者，于此四大原则之外，似尤宜注意下列数点。当兹银行界放款政策尚未确切树立之时，国内银行家当群起一研讨乎？

（甲）银行放款，宁施之于素有关系，有相当职业，可靠，年少有为之人，即其所借款额较小亦可；如为生人，即有值一万现金或债券等作抵押者,以不放为妥。

(乙)不忘放款四大原则,同时对方之资产负债表,须详细考查,尤其是放款后逐年之资产负债表,更当十分注意。

(丙)放款时注意放款合同之订定,事后更须时常将所有合同查阅审察,如放款日期之是否已满,利息之有否拖欠等情,以便利放款事业之进展。

(丁)切忌借款于自己银行之董事等,盖彼辈于银行有管理大权,难免有弊端也(惟不限于顾客代表之股东)。此外更切忌放款于好乱之军阀,及为其奔走之一班大人先生,暨另有特殊目的之借款者,徒足助长内乱,荼毒民生。

(《银行周报》十六卷四十一期,1932年)

编后絮语

对于放款政策的4C原则,即品性、才干、资本与抵押品,不能机械地理解和执行;即以其中非常重要的"抵押品"一项而言,事实上也存在许多变数,因此还必须关注资产负债表、合同订定等环节。在唐庆永先生看来,对人本身的关注更为重要。这其中,对借款对象的选择,以及借款对象品性的考察,固然非常重要,对银行内部主持放款者的素质要求,同样也不可忽视。对银行主持放款者而言,如何既能随机应变、体察环境,又能按照政策原则进行,确实也不是一件容易的事情。

唐寿民（1892~1974）

名保恒，江苏镇江人，清光绪十八年（1892 年）生。辛亥革命期间参与创办江苏银行，后转入中国银行及常州商业银行。1915 年与陈光甫等创办上海商业储蓄银行，任总行副经理、汉口分行经理，后为汉口银行公会会长。1927 年与邹敏初、邓瑞人等在上海创办国华银行，任副董事长、总经理。1928 年 11 月交通银行改组，任官股董事和上海分行经理，另曾任上海造币厂厂长、中央银行常务理事兼业务局经理、中国国货银行常务董事。1931 年任新华信托储蓄银行董事。1932 年任交通银行常务董事兼总经理、上海银行公会常务委员，上海银行业联合准备库常务委员、上海银行业票据交换所常务委员。全面抗战爆发后，交通银行总行改为总管理处，奉命迁往汉口，唐赴香港。1941 年 12 月日军占领香港时被捕，次年 4 月押往上海，主持交通银行"复业"，任董事长。1943 年任汪伪"全国商业统制总会"理事长。1974年去世。

上年本行改选，寿民谬荷推任，受事以来，百端业脞，每拟亲赴各行，就其地方实况，及行务详情，实地考察，以为治事标准，荏苒至今，未能得当。比以股东会开会在即，任事之期，将及期年，难再延缓，因即极力摒挡，在会期前匀出一个月之时间，先就距沪较远之北部各行，从事考查；更以西北方面，在本行业务上，亦宜有所规划，因亦顺带考察，以为将来开拓地步。故此次途程，从沪海道出发，经过青岛、济南、天津、北平、石家庄、郑州等处，更绕道至太原、西安，折由汉口回沪，在途计四十余日。兹就考察所及，按到达地点之先后，概述如次：

（一）青岛、济南

岛、济两处，为胶济路起讫点，在商业线路上关系至为密切；照输出入情形观察，岛为吐纳门户，济则其集中枢纽，故两地货栈与金融业，均较发达，实为中部贸易之重要区域。青岛水深港阔，亦中部海岸线之优良港口。惟以近年土产衰落，各业均颇不振。花生一项，向为输出之大宗物品，因北美与印度，均可自种，广州帮亦不收买，销路几绝，价尤惨落；在前每石可值十数元，现跌至四五元，银行同业所做押款，与屯积之贩商，均受亏甚巨。麦亦为重要输出品，因受外麦压迫，粮商与粉厂，均感不支。余如潍县土布，博山煤炭，亦受各地外货倾销影响，输出锐减。米与面粉，尚须仰赖输入。

其比较的市况稍佳者，仅有烟叶、黄牛与棉花数项。烟叶为胶州特产，国内卷烟厂多取给于此，年有固定销额；黄牛运销日本；棉花则以来源广远，交易数额亦巨，景况最佳；惟棉纺织事业，大部分均操外人之手。岛市共有纱厂七家,内中日厂六家,华厂仅一家;又纱线锭四十余万锭,日厂占三十六万余锭,华厂仅五万余锭。最近日厂又添二家,拟增纱线锭二十万锭,寖有独占之势。济垣纱厂三家,虽均国人自办,但仅有纱锭五万余锭,事业亦均不发达,以视岛市日厂,更不逮远甚,不速奋起直追,前途至可危惧。

至两地金融情形,因一般工商之不振,亦患游资过剩,营运为难,但比较的尚有相当投资之途。顾世之论者颇谓当地银行同业急于寻觅出路,每多放宽条件,揽做各种放款,以迁就为竞争工具,实为业务上一种错误。又谓银行此种做法,在本身则失其安全保障,在贩商则易为非分营求,助长投机,鼓励居奇,市价一有动摇,彼此俱蒙其害。

如前述之花生仁押款,即其一例。盖在银行予以大量融通,一般贩商,及至市价骤落,国外市场,又起变幻,仍依赖银行抵押;始则因循忍待,不肯脱售;继以步步下趋,益难抛却;终至于销路闭塞,即贬价亦无出路,商本既耗归无有,而银行押款损失,亦不堪问。且经此一度之重大打击,凡属花生仁交易,贩商不敢插手,银行亦具戒心。同时市价惨落,愈无底止;农民因成本不敷,恐次年亦不愿更种。其弊害可使此种农产,在全部对外贸易上,又减少输出;是贻国民生产以整个的损失,银行自身受累,犹其余事。揆诸扶助生产,救济农村之本旨,更觉北辙南辕,所得适成其反。

鄙意银行同业,在今日之社会,怠于进取,固所不许;但不顾一切之竞争,亦极非所宜。盖使银行有所牺牲,而社会蒙其福利,尚有可说;如上所述,专顾自身一时的资金出路,罔计国家社会整个的利害,人己并损,更何辞辩解。据称现在棉花押款,又施其剧烈竞争,似宜鉴于已往,速谋团结,期于公平条件下,共同投资,互策安全,俾免覆辙重寻,而银行与贩商,亦交受其益。已嘱鲁行本此标的,联合当地重要同业,筹设棉花公栈,先就济南着手试办。倘由此推及各地,与其他各业,度于国民生产,及银行个体,均当裨益不少。此节在经历各地，均有同样感觉，特于此郑重提出，此概其余；并以面告其他各行，就地相机仿办。

又人民生活，亦尚安定，岛市各项建设，确有显著成绩。市政当局，于繁荣计划，亦颇孟晋。惟外力滋长，统驭綦难，隐忧甚深。最近胶济路局，有展修彰德至济南干线，及添筑道口与临清两枝线计划，商请国内银行投资，实为一重大兴作。该路展修成功，可沟通鲁豫两腹地运输，形成横贯中部之重要干线。关系之巨，不仅岛市增其繁荣已也。

（二）天津、北平

北平旧为全国政治中心，天津则华北输出入门户。在前华北各地满蒙交易，都以天津为总枢纽，同时政治上各种收入，亦由天津司其汇拨，故其经济上之地位，非常重要。自库伦失陷，蒙境交易途绝，九一八以后，继以榆热放弃，关外贸易，又渐与绝缘；首都南迁，政治上之收入，亦复他移；益以各地市场，一般均不景气，愈成一落千丈之势。

目前市场情况，仅恃外货动销，维持其表面繁荣；实则各业萧条，人民购买力，非常减退。内地销场，尤形锐减。土产中仅皮毛一项，因国外销路稍好，西北渐有来源，略形活动。棉花市况亦尚良好。余如杂粮、山货等销路既滞，来源亦少。煤炭在前运销极广，近因外煤倾销，输出亦减。工业则以粉厂、纱厂，最受外货倾轧，多难自存，于当地人民生机，影响最巨。地毯业亦因国外无销路，日就衰落。此外各项织品及各种手工业，亦一致不振。至于米面布匹及建筑材料等，凡日用生活所需，几无一不仰给输入，漏卮之巨，尤可骇叹。

又市面金融，亦患游资充斥，而用途狭隘，一部分银钱业，多趋于购买外币、生金及证券等投机交易，尤为金融前途之忧。现币壅滞情形，亦与上海相仿，调查全市中外银钱业所存现币，连生银统算在内，约在六千万元以上，比诸以前繁荣时期，尚有增加；大部分皆由内地逐渐流入,亦农村经济没落之一证。

北平方面,则以关外及内地居民移居日众,人口视前转增,日用品交易极发达,市面游资亦富,储蓄业务,尚可经营。此外在商业上,殆无地位可言。

综合各方面情形,观察津、平一带,并其有商业关系之邻近各地,暂时盖均难言进取也。

(三) 太原、石家庄

太原为晋绥政治中心,亦为其金融之上枢纽,石家庄则其向外发展之门户,虽省境各异,而关系则极密切。晋绥物产丰饶,如煤、棉、铁、杂粮、山货、皮张、药材等,均年输巨额,待兴事业,及可启发之富源,尤难续数,特以外省资金,难得投入机会,地方又禁止现洋出境,更予金融业以种种不便,遂使社会经济,异常艰涩。货弃于地,而民生日蹙,即已办之各项工业,如纺织、面粉、皮革、卷烟、火柴、铜铁、洋灰等项,亦均困于资力,不能有所发展。再如大同之烟煤,阳泉之无烟煤,号称红煤,其产量、煤质与用途等,丰富优越,均所罕匹。阳泉煤层暴露,随地可见,采取尤易。亦皆以经济所限,在工程及运输上不能改进,运输费亦较巨,致难畅量输出,尤为可惜。

至其金融情形,则以钞币充斥,种类繁复,市面颇感苦痛;各省行旧钞,迄未复兑,近又发行新钞;此外如绥西垦业银号,晋绥地方铁路银号,各县县立之县银号、当铺等,亦皆赋以特权,各别发钞,似宜加以整理,务趋统一。

又如各项实业,类多侧重官营,最近设立之营业公社,亦为收回一部分民营事业而设。尚闻有统制盐斤售卖之议。论者谓此种政策,可减少人民企业心,于奖励生产,启发富源,均不相宜,似应有所转变,对于民营事业,多用扶持及鼓励工夫。

政治上之建设,如省境公路及各县电话等,在局部交通上,均有其显著成绩,水利修治亦勤。

故从物质上着眼,则晋绥亦为极可经营之地方;特照目前情势,外来资力,尚不易有所施展也。石家庄之商业,以晋省出产为其货源,在目前情势下,自亦难望开展。惟棉花及一部分煤炭,来源比较广阔,煤、棉放款,尚可放手经营。

(四) 郑州

郑州为陇海与平汉交会之点,握豫陕输出入之总枢,并为中部棉市之集中地,当地有打包厂三所,规模亦颇可观。他项货品,如皮毛、药材及输入内地之杂货,亦多在郑转口,商业上之地位,极为重要。近年陕、豫政治,渐次安定;郑州治安,亦臻巩固;于市面繁荣,金融活动,影响尤巨。以后陕、豫区域愈广,棉产与年俱增。米、麦来源亦多,纱厂、粉厂,因原料就地供给关系,均可发达。惟陇海线东西贯通后,西北一部分货物,不必在郑转口,郑市或有若干变动。所幸货物来源,途径较多,又当纵横两干线联轨地点,应能维持其相当繁荣。

至银行同业,在郑放款,亦当联合一致,共同投资,借防过度通融,趋入危险。

又市政设备,地方当局与社会方面,似宜联合努力,以图改进。在郑晤陇海路钱局长慕霖,详谈近年整顿路务及西线展修情形,觉其办事认真,富有魄力,事实认识甚明,于西北发展上,实一极有希望之人物,特并志之。

(五) 西安

西安为陕西省会,在经济上亦占重要位置;开发西北,当从陕省入手,西安实为出发之点。在前西北各地,政治紊乱,百度废弛;又且萑苻遍野,交通否塞,几使人望而却步。近年则政治已入当轨,匪患渐次肃清,地方当局与经委会对一切建设,如开辟河渠,整治道路,铲除烟苗,招垦荒地,举办合作社等,均在努力前进。省钞近已复兑,市面金融,虽形枯窘,但亦渐有条理。陇海路线岁杪可望展至西安,交通问题,亦可解决。加以年谷丰收,棉麦种植日广,尤为陕省极大转机。目前急切需要，惟在资力上之援助，与技术上之指导，其事比较单纯，外来助力，亦易着手。惟待兴事业，端绪纷繁。政府与社会应共负启发之责，力量必须集中，程序尤宜择定。

就陕省生产情形考察，人民生活所需，及可供大量输出，而其事业又易于扶植者，实为棉、麦两项。在短期内之设施，所有政治建设，社会投资，及银行融通资金，均宜先从棉、麦着手。应办事业，如打包厂、纱厂、布厂、麦粉厂等，当集合公私力量，次第兴办。所有工厂设计，则应以期望人民生活自给，为共同标的；一切出品，亦以适合本地需要为主；不可以不必要之精制品，使人民生活提高。又陕省棉产，多属细绒；其粗绒产额，年仅五万担。将来纱厂成立，如令专纺粗纱，则原料必感缺乏。所有铲除之烟苗地，宜由政府发给粗绒棉种，使所植棉产，适合当地纺织之用，庶几产销相应，原料与制品，均可自给。至原植细绒，专供输出，仍应助以实力，增其产额。再则陕省农田，极为辽阔，地亩多以方计。旧式农具及耕种法，效率稽迟，成功甚缓，宜采用大农制，施以科学指导，并为改良农具，期以机械替代人工，则工半事倍，垦植范围，方可扩充。以上数点，皆建设上所宜注意事项，并应一同规划。

其在银行方面，则宜联合一致，作大规模之投资计划；所有棉麦集合地点，应广设分支机关，联为一气；并多办棉麦堆栈，畅做押款押汇，实施经济上之援助。如此则各方面精神集注，步履紧凑，成功较易。

至水利交通，及市政设备，单独属于政治上建设事项，亦宜迅事筹办，以利运输，并安行旅。其他如矿产、石油、森林、牧畜等项，可视为第二步工作，俟人民生活稍裕，外来资金渐富，再行次第兴办。

本行业务上之规划，拟以郑州为起点，依次向灵宝、潼关、渭南、西安等处推进，已于考查时详加布置，现正积极进行，限期成立分支机关。其经营放款，暂时亦拟注重于棉麦两项，期可专营，易受实效。目前西安地方,省行之外,已成立者,计有中国与四省农民等行;上海商业与金城两行,亦在选择地点,着手筹办,逆料在最近将来,必可组成一有力之投资团体也。

(六) 汉口

汉口承洪灾之后,元气迄未恢复,全市工商业,视诸灾前情形,尚不逮三分之一。重要土产,如桐油、生漆、茶叶、药材、米、麦、芝麻与各项杂粮等,或来源短绌,或销路疲滞,均颇衰落。惟棉花一项,销场增多,来源亦涌,除上海外,当居全国棉市之第二位,此为汉市前途,最有希望之事业,亦银行业一致投资之标的;为期减少竞争,共谋安全,在同业间亦有联合投资之必要。

至全市金融事业,仍形紧缩;旧式钱业,尤觉式微。

又地方上之建设,亦少进步,皆市场元气未能康复之证。惟就地势论,握长江上下游输出入之枢纽,又当国有铁路纵横各干线交会之区,水陆之利,甲于全国,商业前途,仍未可量。

综合此项调查所到地点,津、平两处,已成弩末,且外交情势复杂,除保守外无他法。山西部分,照目前情势,亦无从着手。山东部分,只可循固有事业,徐图发展;惟彰济展修成功,则青岛海口,效用大著,前途亦正广远。汉口商业,当以交通建设与政治安宁为消长。统北方全局观察,似只有西北部分,从郑州起点,向西推进之一带地方,最可开拓,宜即积极筹划,逐步进展。至就北部各种事业观察,则以棉业一项,为最有望,并当物色专家,扩充必要设备,更集合资金力量,领导各行,一致努力。关于筹设公栈,联合投资计划,非一行所能独办,当相酌各地情形,次第商筹,促其成功,以上以此次考察北部各行及调查西北之大概情形,用志概略,共资研究。尚有关于各行业务、帐务及人事等事项,均于到达各行时,就地商酌,分别决定,已详途中所发各函电,不另叙列。

(《交行通信》五卷一号,1934 年)

编后絮语

　　唐寿民先生此次考察，涉及各地经济地位、实业状况、地方特产、金融情形等，对银行业务则进行了特别关注与思考。以青岛等地的出口大宗物品花生为例，由于银行予以大量融通，而一般贩商在市场形势发生剧变，销路大受影响之时，仍依赖银行抵押，最终价格步步下趋，"商本既耗归无有，而银行押款损失，亦不堪问"。他认为，"银行同业在今日之社会，急于进取，固所不许；但不顾一切之竞争，亦极非所宜"。一家大银行的总经理能够进行如此细致的考察，应该说是很不容易的；但这种做法对本行贷款投资的安全性与效益性而言，却又是极为必要的。

吴鼎昌（1884~1950）

字达诠，别署前溪，原籍浙江吴兴（今湖州），清光绪十年三月（1884年4月）生于四川绥定（今达县）。1896年入成都尊经书院，后中秀才，1903年4月留学日本，1910年毕业于东京高等商业学校。回国后，中商科进士，任翰林院检讨，在北京法政学堂任教习。1911年8月任大清银行总务长，旋转任大清银行江西分行总办。1912年任中国银行正监督。1917年4月任天津金城银行董事，同年7月任盐业银行总经理。1918年任财政部次长，兼天津造币厂厂长。1920年10月被免财政部次长职务。后任盐业银行总理，旋任中南、金城、盐业、大陆"四行"联合主任，"四行"联合营业事务所主任，"四行"储蓄会主任。1922年时任金城银行董事、新华储蓄银行董事、东陆银行常务董事、边业银行董事。1932年1月任中央银行理事会理事、常务理事，同年12月又任国民政府财政委员会委员，全国经济委员会委员，国民经济建设运动总委员会委员，财政部金融顾问第一组委员，中国银行、交通银行董事等职。1949年去香港，1950年8月22日因病在香港去世。著作有《中国经济政策》等。

作民、丹崖、孟锺、乾斋、虞生、言钦诸兄公鉴：

一、津库已发行，此信到时，希在京三行先属跑外通告各来往银号、钱庄，云此票系十足准备，三行均可代收代兑，以助声势，而为登报在京兑现之张本。此系先声要着，希照办。

二、租库事，乾、虞谓孟钟已详告，孟谓言钦已详告，实则无一人详告，言兄并无信来。鄙见德医院后房太不谨慎，似以汇理为合宜。时间虽有限制，不过指银洋收发而言，至内部记帐、检钞等事，当然不为所限，似无窒碍，如何希速酌速定。弟意决于十五日登报，在京兑现（一鼓作气，不宜过缓）。此库未租定以前，即暂借三行库办理。前寄简章久未见复，此种试办章程可以随办随改，请任意斧削见赐，总以速为妙耳。

三、发行章程亟应发表，前已函告。作兄请诸兄速酌见示。此颂公祉。

弟鼎昌拜启　十一月二日
（上海市档案馆藏金城银行档案）

编后絮语

此函选自上海市档案馆所藏金城银行档案，事关近代中国金融史上的一件重要事件，即"北四行"的联营。当时金城银行、盐业银行、大陆银行、中南银行的联营，以及联合准备库的创立，极大地减低了发行钞票的风险，还壮大了四家银行的声势。以今日眼光看，无疑是一种强强联合的经营方式。吴鼎昌先生的这封信函，文字不多，却涉及了钞票发行之前的预先宣传，发行仓库的租赁，以及发行章程的准备等等。从中可以看出银行高层对四行联合发钞的重视程度，以及对于若干重要细节的关注。

项叔翔（1904~1971）

名谔，浙江杭州人，清光绪三十年（1904 年）生。清华大学肄业。1920 年进浙江实业银行。1923 年被浙江兴业银行派赴英美法见习银行业务，1926 年回国。后任浙江兴业银行天津分行副理、经理，兼任南开大学教授。1936 年 7 月任广东省银行经理。1939 年任浙江兴业银行总经理秘书，1941 年任常务董事兼总经理。抗战胜利后，继续担任浙江兴业银行总经理，后任泰山及新丰保险公司董事。1949 年后任华东财经委员会委员、上海市金融业同业公会主任委员、公私合营银行副董事长兼总经理等职。1971 年因病去世。

本行设计处之过去与现况

—— 为纪念本行设计工作三十周年作

"知己知彼，百战百胜"，金融业之经营，如行军，亦贵乎"知"。欲求业务发展，基础稳固，首应明了本身资力之强弱与集散，业务之营运及活动，是谓"知己"。所谓"知彼"，举凡工商业之财务良窳、生产多寡、管理优劣、组织松紧，以及国内外经济金融大势，均应洞若指掌。有知己知彼之明，然后决策，业务之推展，始能适合。而此求"知"之工作，厥为调查、研究与统计，亦即设计处之基本工作也。

本行创业已历四十年，设计工作，亦有三十年历史。初为调查部，嗣改为推广部，复递变为调查委员会，再经改组为调查处及经济研究室。胜利后，始扩大为设计处。

一、本行设计处之沿革

设计处之前身，最初为调查部。据民国七年本行组织大纲第一条组织系统，总办事处之下，设调查部，与稽核、文书两部并立。民十一年十一月二十七日董事会议决施行之本行试行总规程第一条，在总行下仍设调查部，分调查、编纂两股，分行、一等支行设调查股(或调查员)。此调查股即今日设计处之调查股，而编纂股亦相当于今日设计处之研究股，惟其工作则不及今日研究股之繁重。

嗣因调查名称易使被调查人引起注意，转不能得其真相，因于民十二年二月经董事会决议，改调查部为推广部，设推广、编纂两股，各分支行调查股亦改称推广股或推广员。

民十三年六月二日，董事会第二次修正总规程，推广部尚无变更。嗣于七月一日废止，改为推广、编查两股，隶于营业部。旋又将编查股改隶总务部。七月十五日更通函各分行,将推广股废止,改为推广、编查两科,将推广科隶于营业股,编查科隶于文牍股。民十八年六月,总分行编查、推广两股科复经取消,另设调查委员会。

民二十年一月,改调查委员会为调查处,其下不复分股。二十三年十二月二十五日,董事会改订本行总规程时,废调查处,另设经济研究室,而于业务处及分行下各设调查股。经济研究室地位介于部处与股之间,但其工作目标则还较调查股扩大矣。

至本行统计工作,实始于民国八年七月,当时是由总办事处办理,并无专门机构。及民十年稽核部下正式添设统计课,民十二起称统计股,改隶于会计部,以后组织虽迭经变更,统计股迄未废止。

二、过去调查机构之职掌

自民七本行开始调查工作,其初范围尚狭,章则亦未完善。据同年正月本行总办事处暂行规程第三条(乙),调查部之职掌为:(一)各地方金融及商业情形之调查事项;(二)各行及放款客户之实况调查事项;(三)各行所在地同业内容之调查事项;(四)各项调查报告之编纂事项;(五)本部文件之起草事项。

当时对调查事项如何进行以及调查方法、资料归档,均无明文规定。迨民十年六月十三日董事会始议决通过:(一)总办事处调查部办事规程;(二)调查实施细则;(三)调查事件分类编档细则,于是本行调查工作,规模粗具。兹将规程细则录后以供参考:

总办事处调查部办事规程

第一条　调查部之职掌如左:

（甲）掌指导各行调查已往来未往来客户信用程度,并收辑其调查报告书,汇存考核事项;

（乙）掌各行市情报告分类编辑,以通告于相互各行事项;

（丙）掌各行所在地或其他各埠重要工商业及金融机关，调查其资产负债数目、营业状况，并搜集其有关系文件，保存考察事项；

（丁）掌纪录生金银进出口数目、银钱行号存底，及物品、有价证券价格涨落事项；

（戊）掌摘录各埠报纸登载有关商业之广告或新闻，及商行为之诉讼判决事项；

（己）掌本部文件之撰拟事项；

（庚）兼掌编纂统计事项。

第二条　调查部对于应行调查事宜，得陈述意见于书记长，提请办事董事核定办理。

第三条　调查部对于各行送到之调查表或报告书加以审核，如有意见，得照前条办理，并得复查之。

第四条　调查部部长得随时视察各行调查之实况，并得为复查或实地调查；调查部人员亦得派往各行协查或复查及实地调查。

第五条　调查实施办法另以细则定之，各行一律适用。

第六条　调查部所有一切文卷表册分类编档，另以细则定之，各行亦得适用。

调查实施细则

一、调查就规定事项直接或间接探询，务以确实为主，将所得情形，分别填注于调查表中。

二、调查就关系言之，得分为已往来、未往来之二种。

三、不论已往来未往来各户，仅以一般放款为目的者，为寻常调查，以特别放款为目的者，为事项或密项调查。

四、专项或密项调查，应将调查情形另具详细报告书，并得陈述意见，以备参考。

五、已往来客户每隔三个月复查一次，应查各项如有变动者，另填调查表送处，其无变动者，得免另填，但须具函声明之。

六、未往来各户随时注意探访，填列调查表，送处考核。

七、市面遇有变动时，应将已往来各户为概括之复查，有疑义者须详细复查之。

八、各行未设调查专员者，以跑街员兼任，受经理襄理或营业主任之指示办理。

九、事项或密项之调查，由经理襄理或营业主任任之，但亦得指派相当人员办理。

十、调查人员对于所具之调查表、调查报告书签名盖章，负应尽之责任，次送营业主任经理襄理依次盖章证明，然后送达总办事处。

十一、经理襄理或营业主任对于调查人员所具调查表、调查报告书，得再复查之。

十二、总处直接调查事件，由部长主持，得此照第九、第十、第十一条办理。

十三、分业调查之细目具详附表，各地情形不同者，得酌量增加。

（一）金融业：A. 银行，B. 钱庄，C. 票号，D 银炉。

（二）纱花业：A. 花号，B. 纱号，C. 轧花厂，D. 花衣号。

（三）丝茧绸缎业：A. 丝厂，B. 丝栈，C. 茧厂，D. 茧商，E. 织绸厂，F. 绸，G. 绸缎店。

（四）疋头呢绒业：A. 疋头呢绒号，B. 疋头呢绒店。

（五）煤业：A. 煤矿公司，B. 煤号。

（六）茶业：A. 茶栈，B. 茶号。

（七）钢铁铜锡业：A. 钢铁公司，B. 钢铁号，C. 铜锡号。

（八）五金机器业：A. 五金号，B. 机器制造厂。

（九）电气自来水业：A. 电灯厂，B. 电料厂，C. 电料号，

D. 电话公司，E. 自来水公司。

（十）书馆报馆艺器文具业：A. 书馆，B. 印刷局，C. 报馆，D. 艺器工厂，E. 艺器馆。

（十一）矿产业：除列举者外。

（十二）证券股票业：A. 证券股票公司。

（十三）盐垦业：A. 盐栈，B 盐垦公司，C 精盐公司。

（十四）米麦面粉油豆饼杂粮业：A. 碾米厂，B. 面粉厂，C. 米麦杂粮行，D. 油豆饼行，E. 油厂。

（十五）金银饰物业：A. 金店，B. 银楼。

（十六）颜料业：A. 颜料号。

（十七）参燕药材业：A. 参燕行，B. 药材行，C. 西药房。

（十八）木材木器业：A. 木材公司，B. 木行木号，C. 锯木厂，D. 中外木器店。

（十九）轮舶运输业：A. 轮船公司，B. 转运公司，C. 轮驳公司。

（二十）营造业：A. 营造公司。

（廿一）纸业：A. 造纸厂，B. 纸号。

（廿二）糖业：A. 制糖公司，B. 糖行，C. 糖果公司。

（廿三）煤油火柴业：A. 煤油公司，B. 煤油号，C. 火柴公司。

（廿四）洋酒罐头食品业：A 洋酒杂货号，B 罐头食品公司。

（廿五）皮革业：A. 皮货号，B. 制革公司。

（廿六）衣庄典当业：A. 提庄，B. 衣庄，C. 典当。

（廿七）烟业：A. 烟草公司，B. 烟号，C. 烟叶行。

（廿八）海味业：A. 海味号，B. 海味行。

（廿九）制造烛皂. 化学用品业。

（三〇）杂物制造业：A. 织衫袜厂，B. 制伞厂，C. 针订厂，D. 搪磁厂。

（卅一）糟坊酱园业：A. 糟坊，B. 酱园。

（卅二）洋广杂货业。

（卅三）南北货业。

（卅四）保险业。

（卅五）陶瓷业。

（卅六）钟表业。

（卅七）个人。

调查事件分类编档细则

一、立调查总录，分行分业编号，记其所调查之户名，为检查之总目。

二、接受各行调查表后，除将户名记入调查总录外，并分行业汇订之，总处所直接调查者，同样办理。

三、一般放款调查事件，均编为常字号，特别放款调查事件编为专字号或密字号以整理之；除记入调查总录及通知有关各行外，掌管人员应负严密保管之责。

四、每期复查后，同一户名者仍以原号次汇订之，并于调查总录内注明某期复查字样。

五、各户中如有停止往来者，亦于调查总录内注明停止字样。

六、调查总录应每年更换一次，各户之所编号次，仍不更动。

七、调查未经往来各户，其调查总录另立之，分类归档办法同前第三条。

暂拟调查总录表式如下

户名	某业	何行调查	号次	复查　月　日	摘要
				月　日复查	
			字第　　号	月　日	
				月　日	

民十一年末,行总行制,调查工作,乃有初步之革新:一为分股办事,二为重订职掌,三为添改规则。据《试行总规程》第三十六条规定,总行调查部之职掌如下:一、金融及工商业大势之调查;二、公司商号厂家实况之调查并征集报告;三、总行往来及放款客户实况之调查;四、各种货物及有价证券之分类调查;五、本埠同业内容之调查;六、总分支行各项调查报告之编纂及保管;七、关于本部函件之起草。其中第四项实为民七年规定中所遗漏者。又第六十条规定分支行调查股之职掌如下:一、本埠金融及工商业大势之调查;二、本埠公司厂家商号实况之调查并征集报告;三、本埠各种货物之调查;四、本行往来及放款各户实况之调查;五、本埠同业内容之调查;六、总办事处或总行及分支行相互属托调查之事项;七、各项调查报告之编纂。至添改之规则有:调查部办事细则及调查规程两种,兹抄录如后:

调查部办事细则

第一节　总则

第一条　本部依据总规程,分调查、编纂两股,各设主任一人,科员、助员、学生若干人,以部长一人统率之。

第二条　各股人员之分配调动,由部长备职掌录一册,随时记入,以备查考。

第三条　本部处理事务各股须互相协助。

第四条　各股文件由主任科员起草,经部长审定,在底稿上盖章后,再送总协理签阅。

第五条　各种文件,本部以外同人前来调取,应留收条存查,并须部长签字允可。

第二节　调查股

第六条　调查股职掌如左:

(甲)总规程三十六条规定事项之调查;

（乙）行员保证人之调查；

（丙）临时交办之调查；

（丁）本股文件之起草。

第七条　已往来各户通常每半年复查一次，如市面有特殊情形或该户发生变动时，应即复查之。

第八条　本埠大宗营业之概况，应随时调查之。

第九条　本股调查所得材料，有关于大势调查者，交由编纂股分类编纂；其关于信用调查者，分别填注于调查录；其重要者另作报告书；如部长认为关系重要，应严守秘密者，应由主任将该件固封，签字后纳诸函内。

第十条　无论普通或特别调查事件所具调查报告，本股掌管人员应严守秘密，并对该项调查表报告书等须签名盖章负责。

第三节　编纂股

第十一条　编纂股之职掌如左：

（甲）依据调查规程与调查股会同搜集之资料及报告之编纂；

（乙）本埠外埠报纸关于本部范围各节之裁留；

（丙）东西各报关于本部范围各节之翻译；

（丁）国内外汇兑有价证券及各种货物市价表册之编造；

（戊）各项贷借对照表之分析；

（己）本行公布调查报告之起草；

（庚）本股文件之起草。

第四节　附则

第十二条　本细则如有未尽事宜，随时商明总协理修改。

调查规程

第一条　本银行调查，分大势调查、信用调查二种。

第二条　大势调查分类如左：

（甲）总分支行所在地金融市况；

（乙）国内随兑；

（丙）国外汇兑；

（丁）公债及他种证券股票市况；

（戊）重要商品市况（此类商品种类，以调字号函通告之）；

（己）各省商业状况；

（庚）国外贸易大势；

（辛）他项经济事情；

（壬）临时调查事项。

第三条　信用调查分类如左：

（甲）银行；（乙）钱庄；（丙）商店；（丁）工业；（戊）个人。每类又各分下列二种：（甲）已往来户；（乙）未往来户。

第四条　被查各户所有营业报告及资产负债表以及他种属于各该户之文件，均须随时搜集，以备参考。

第五条　各户之资产负债表及损益帐，积至二年以上者，应汇由总行调查部分析之。

第六条　调查总录以及各项表册，各分支行得参照总行格式自行订制，惟须先送由总行核准。调查总录之存储及保管法亦同。

第七条　各项调查，总行与分支行有随时互相报告之责。

第八条　大势调查各项，应于每月底将所查结果报告一次，每届年终总报告一次，均送由总协理查阅。

第九条　凡信用调查各项材料，办理调查人员，无论对内（除因职务关系，应照正当手续办理外）对外，均应严守秘密。

民十二年改推广部，其职掌无更易。民十三年七月虽废推广部，然调查工作，亦未中辍，总行营业部与分支行营业股接办调查事宜,总行总务部与分行文牍股接办编查事宜,职掌无变更。

民十八年六月,总分行编查、推广两股科取消,另设调查委员会主持其事,专办调查经济状况及工商业信用,并编制统计事宜,并分调查、编辑、统计、图书、记录各股,当时订有调查委员会规程草案,兹抄录如后:

调查委员会规程草案

（民国十八年七月五日总行陈报总办事处核准备案）

一、本会之职务为:调查经济状况及工商业信用,并编制统计事宜。

二、本会委员暂由总办事处派定四人,并在委员中指定主任一人、副主任一人。

三、本会调查方针及施行办法,应由委员会议决,送经总经理核准施行。

四、应行会议事项,由主任副主任随时召集委员会讨论之。

五、调查所得各种状况制成表式或具说明书,经委员会审定,送由总经理发交关系各部或各分行。

六、本会议决事项,应记载于议事录。

七、本会对处函件以本行名义行之,对分支行函件以总行调字号名义行之。

八、本会得用股员、助员,以办理本会事务,其应分调查、编辑、统计、图书、记录各股,应俟时务较繁时酌定之。

九、本会调查范围分经济、信用两项:

（甲）属于经济者:

（一）国内各种农矿产品之产地、产额、种类、商标、价目、销路,及采办运销之经过;

（二）国内各实业厂之出品、制造额、种类、商标、价目、销路及售运之方法；

（三）各国重要进口货之国别、厂名、货名、种类、商标、总额、价目、销路，及各帮之定购情形；

（四）重要商品之世界大概状况与市情；

（五）重要商品之行市；

（六）国内外公债之状况及行市；

（七）国内金融市情；

（八）国外金融市情。

（乙）属于信用者：

（一）各公司厂家商号之营业实况，并胪列其组织性质、资本总额、股东姓名、经理人姓名、开业日期、营业情形、信用状况等项，并征集报告；

（二）各商业重要职员个人之信用、名誉、家道，及与何种营业有关之调查；

（三）与金币部有关系之国外厂家、进出口商、银行公司之营业状况、资本信用等等调查。

（丙）兼营事项：

（一）添置与商业有关系之中外图书报纸，并随时编制目录。

十、本规程未尽事宜，得随时修改之。

民二十年一月，调查委员会改为调查处，其职掌为：一、金融贸易运输状况之调查；二、工商各业状况之调查；三、工商界信用之调查；四、国内外经济大势之研究及商业之循环；五、主要商品之研究；六、上海地价之研究；七、各项公债公司债之研究；八、各公司资产负债表之分析；九、国外汇兑变迁趋势之研究；十、工业发达趋势之研究（关税劳工附）；十一、本行业务发展方法之研究；十二、本行宣传之方法与实施。

民廿三年十二月二十五日，董事会改订本行总规程，复废调查处，另设经济研究室，调查工作仍由营业部办理。以后金融经济动迁不安，益以七七抗战，本行调查研究工作虽仍不废，而机构迄无变化。自抗战胜利后，商业银行资力远逊战前，战时金融管制，战后难望解除，为求今后业务发展起见，本行遂于卅五年一月正式成立设计处，其基本作用，盖与军队中之参谋本部相仿。各股职掌详见设计处办事规程，不具录。

三、过去统计机构之工作

本行统计工作，始创于民八年，当时系由总办事处主办各项统计。据七月十六日通一九八号函，统计事宜，约为下述九项：一、各种定期存款之统计；二、通知存款之统计；三、往来透支各户统计；四、利息收付统计；五、各项开支统计；六、有价证券统计；七、库存统计；八、公债准备统计；九、各科目收付总数统计。

民九年四月二十六日通二三九号函，又增编利息表，其编制方法约分每户利息、每日平均存款及每日平均放款总数三栏。嗣后各行事务日繁，人手缺乏，抄报总办事处之各种报告，往往不能按时寄到，以致稽核及统计工作，不能进行，因此九月三日通二五二号函，重行规定各行：一、每日应抄：票币日记帐报告、营业日报、营业准备金表、行市报告、库存表、外国货币存空表；二、每逢月半应抄：暂存报告、信用放款报告、抵押放款报告（每两个月报告一次，逢月半填写）、本埠同业往来报告、外埠同业往来报告、国外同业往来报告、暂欠报告；三、每月底应抄：往来存款报告、往来透支报告、有价证券报告、各种股份报告、分行往来报告、汇款月报，各项开支月报，关于申钞各种报告等。

民十年三月十五日通二九九号函，复规定各行应根据统一银元汇兑办法第二条，每半月造汇款统计表，统计表格即将原有之汇款月报暂代。五月六日通三一五号函，对每日报告废止票币日记帐报告,添抄:各科收付单、会计股收付结单、收支股收付结单,各项开支细数报告。

按自民十年起实施之组织大纲中,稽核部下虽添设统计课,对统计课之职掌并无规定。民十一年末之试行总规程中,则统计股已改隶会计部。据是年会计部办事细则第三十一条规定,统计股之职务为:一、登记各科目总帐,每日记;二、登记放款户名数目统计簿,每旬一制;三、编制押品种类统计表,每月一制;四、编制各项证券统计表,每月一制;五、编制存放款利息统计表,每期一制;六、编制汇款汇水统计表,每期一制;七、编制各项开支统计表,每期一制;八、编制营业统计图说及全体总决算表,每期一制;九、本股文件之起草及帐表之保管;十、临时交办事项。

惟统计工作与会计记录并无显明之划分,而报告表之编制,其目的并非为统计而作,或系便于稽核而已。故民十三年修正之总规程第四十条会计部之职掌中,第十一项即概括规定为:关于各种统计事项。及统计股改隶设计处后,其职掌复逐项规定,其工作则着重时间数列之搜集与初步之统计分析矣。

四、设计处成立以来之工作

窃本行自有设计工作以来,垂三十年,过去情况,概如上述。其进展之迹,实可分为三个时代,第一为调查时代,计自民七至民十九年,其成就尚浅,除促进调查工作外,并无进一步之表显。第二为研究时代,计自民二十以至民廿四年,除调查工作外,逐渐转入研究时期,及经济研究室成立,研究工作尤见进展。第三为设计时代,计自民三十五年以迄今兹,其与过去二时代稍异者,厥为镕研究、调查、统计于一炉,就研究调查统计所得,从而设计,以供本行决策之参考。

设计处自成立以来,限于人力,愧无进展,惟一年半以来,所有设计,颇多为本行决策之参考。嘱嘱各股缮具报告,附刊于后,谅亦为同仁所乐知者。

（《兴业邮乘》一百三十七期，1947 年）

编后絮语

　　从调查部到推广部，再到调查委员会，再到调查处及经济研究室，最后到设计处，名称的数次变化，即可反映出浙江兴业银行对于调查研究以及统计工作认识的不断深化。项叔翔先生概括得非常到位："金融业之经营，如行军，亦贵乎'知'"；既要知己，还要知彼，然后才能做出正确的决策，"业务之推展，始能适合"。此文保留了不少银行调查部门的办事规程和工作细则，为近代银行史研究提供了非常珍贵的一手史料。今天，当我们再次细读这些规程和细则的时候，除了感叹其周密、严谨、精细之外，是否还能感受到不少当年银行前辈们的敬业精神呢？

杨介眉（1883~1942）

名静祺，号介眉，江苏南京人，1900 年至 1906 年任汉口邮政局邮务员，1906 年至 1913 年任汉阳铁厂洋帐会计、汉冶萍公司总稽核，1913 年至 1914 年任中国银行副计算，1914 年至 1916 年任全国美油矿总会计，1916 年至 1920 年任浙江兴业银行副经理。1922 年 1 月进入上海商业储蓄银行，任总行副经理、代理总经理等职，1942 年 8 月 23 日病故。

谈话录

一九三〇年

一银行之内，分部设处，职掌不同，办事手续，亦因之互异，而无一不有簿记登载，以归总于总管全行簿记之会计处。故簿记之学，在银行中最为普及，最为重要，为服务银行中之无论何人所必须知者。

簿记，质言之，即单简之日记，记载当时及将来之收付，当时者备日后之查考，将来者备临期之处置。又预先分门别类，确定科目，按此登记，可以结存欠，算盈亏，作营业之准绳。设有一部分之错误，即能牵及全体，使全行存欠不能结对，或盈亏无从计算，而营业难以进行。故登记帐目，必须清晰简明，不漏不紊，使事后披阅，可以一目了然，无烦查问追忆之劳。

我国上古，结绳记事，至战国时，即已有会计之学，故孟尝君使人收债于薛，问门下诸客谁习计会，计会即会计也。降及中古，有周髀著《算经》，徐岳著《数述纪遗》，皆论句股微积之法，今其书已不得而考。近古算书，以鄙人所见，有《天元数》一种，类似代数而极深奥。算盘发明甚早，始于何时，创于何人，已无从考据，而西史载古时罗马亦有算盘，考其形式，似与中国稍异，用法则同，未知二者孰先孰后。至日本人所用之算盘，则可断定其为由我国抄袭而去，无疑义也。从前我国官厅用四柱清册，分旧管、新收、实付（亦曰开除）、现在，小数计至丝忽为止，繁而不合用。商店则仅有日流、总清两种。小贩多不识字，作种种符号以代记帐。犹忆二十年前客居北京时，见挑担售板炭者，常用炭在人家门墙上划条，后知其为记放帐之斤数，一条为一斤，结帐时计数以算应收之款。闻刻下城市中虽已不用,而乡间则仍有行之者云。

我国之用正式簿记,当在晚清设立户部银行及招商局等之后,是时始有存款对照表等,分类渐繁,用途日广。及于今日银行公司风起云涌,其术愈臻完备,而亦愈精,故遂有专治此学,如沪上盛行之会计师者。按之欧美各国,亦直至十九世纪而始渐精进。先是,当罗马全盛时,有昔西罗 Cicero 者,因与希腊京城雅典 Athens 贸易,欲免其搬运现金之烦,设法冲兑,乃创一种记载,以传其子,此或为簿记之始。至十五世纪末,有罗马教僧名路迦保果 Lucas di Borgo,即创代数学者,曾有短篇簿记学刊行于威尼斯 Veince,发明 Credit 存与 Debit 欠。至十六世纪末,有比国希文那斯 Shevinus,发明复式簿记,各种总帐,均须登记两次,在此作收,在彼作付,原书为荷兰文,后译成法文及各国文,推用极广。

复式簿记之佳点有四:(一)存欠数目相符,方能证明帐无错误;(二)遇有错误之时,查对极易;(三)无论何时,帐可结断;(四)盈亏可以一目了然。然亦感有欠善之处两端,一即盈亏不易守秘密,而一则记帐时手续较多也。因此之故,多有复式单式簿记两种混合并用者,每种均含有日记帐及总帐性质,于是手续较省,而盈亏亦易守秘密。此外发明复式后之改革,现更因佐有传票单据,觉日记帐毫无用处,多有废弃而添制种种表报,使其易于计算成本者。

簿记一学,以厂矿簿记为最繁杂,因对于工料成本,均须分得极精极细,以计算其每出一货之所费。鄙人前曾见有某英人所著之《矿业会计》一书,计有一千余页之多,其繁可想。其次则为商店簿记,因趸进货物,亦须有精确之成本计算,然后可以营业获利。银行簿记,最为简单,且有印成之各种传票,手续更为减省,只须明白帐理,辨别收付,写得清楚,看得准切,即不易有错误;惟稍有疏忽,即易反登,一经反登,则所有连带关系之帐,亦必全盘错误,而使全行之帐不能结付,故记帐时极须注意。

银行之帐,均分散在各部,如有一部分之错登漏记,非特使全行之帐不能结付,甚或因此而发生弊病,故尤不得不格外慎重。今试以汉分行活存部应付支票一事而论,最简单者亦有十四道手续,兹顺其次序分述如下:

(一)照票员接受顾客之支票,取一铜牌,视其号数,注明支票背后,将铜牌发交顾客。

(二)审视支票之日期、数目,及其号数,然后核对图章,检查有无存款,其有抬头者,更须认明背书,有时且须注意笔迹,数者完全合符,乃于支票上签字,递与付款员。

(三)付款员见支票已经照票员签字,乃唱号数,向顾客收回铜牌,核对毕将款付与顾客。

(四)支票一经付款,即由付款员加盖付讫图章,随即登记现金日流帐,然后将支票送交记帐员。

(五)记帐员收到已经付款之支票,检视付出手续合符,乃登分户帐。

(六)记帐员登过分户帐后,即登结单。

(七)记帐员将结单登毕,再登日记表。

(八)次日,再将支票与分户帐核对。

(九)核对之后即登日流。

(十)日流登毕,将支票存档。

(十一)每日将发出铜牌顺号检查一遍,有无遗漏,

(十二)每月将结单连核对结单,覆函寄递顾客。

(十三)收到顾客寄回之结单覆函后,再与分户帐上数目核对。

(十四)结单覆函数目与分户帐结存数目核对相符后,乃将付过支票退还顾客,其无需退还者听。

至此,银行对于所付支票之责任方了。此不过举其一端,作为比方,且系最简单者。如有兑换关系,或调换本票划条者,则尚须多数道手续,倘若遗漏一道,即走不通。又若经办一道手续,或不

周到，或竟错误，则即发生纠葛，致令银行受损失，经管员职责所在，自然照章处罚，或责令赔偿。故同人对于经办之事，无一事可以不尽其职，亦无一事不须负完全责任，务望互相勖勉，不使发生事端。更须知一事故之发生，受罚者固属可怜，而执法者亦实觉痛心，盖我辈同人，本如一体，手足受伤，心焉不痛，而法令如山，又岂能加以宽贷，愿同人务必各自奋勉，各自警惕。

记帐，即是记生意，每日做若干生意，一阅帐册便可明了。海光月刊第二卷第十号登有转载中国银行月刊第二期该行总经理张公权先生演说之《银行员的本职——做生意》，谅必同人均已阅过，所说做生意，是银行员的本职，说得极为透彻。记帐亦即记载做生意之结果也，生意愈做得多，手续愈繁，登记亦愈须详密，故必字迹端正，笔划清楚，快而不错，不可草率。最忌涂改，或用刀刮皮擦，如有错误，应用红色墨水双线划去，重行书写，此皆为记帐员之所应知者。总行前曾有检查记帐好坏以记功过之法，现虽无一定赏罚之明文，然核考各员之成绩，此仍为其一种，务望同人留意。

总之，银行簿记学虽最简单，而在银行办手续事务之人，须人人有此学问，人人能明帐理，方可通力合作，不致有窒碍之处。且鄙人以为，簿记学如抽丝剥茧，有一定之层次，时时习之可以灵敏心思，增加智慧，而办事亦有顺序，未识诸君中之熟习于此者，有此感觉否？故亦极希望诸君人人加以研究也。

（《海光》三卷一期，1931 年）

一九三一年一月八日

星期四聚餐，今日为第四次。上月十一日，鄙人因事在外，由周苍柏先生召集，所谈六端，极为透彻。十八日周、杨两先生适有他事，二十五日鄙人虽已返汉，惟以小受感冒，未曾到行，周、杨两先生又以年关相近，事务极忙，本月一日，恰为新年假期，且以同人结帐，故均未能召集，以致空过三星期。鄙人最初曾言，聚餐本以联络感情、交换知识为宗旨，是以能多聚愈佳，但不必勉强呆板，反觉无兴味。故总行聚餐,陈光甫先生常谓,如本人确有他事,可以不到,惟如无事,则请务必加入,盖可多少得点益处也。今日鄙人想到一个题目,可以谈谈,就是"银行如何可得顾客之信用"。

信用二字,乃系为人做事第一要素,无论各界服务之人,少此两字断难成事,然要取信于人,必须于先自省所作所为,是否在信用二字轨道之上。处世之道,范围虽广,正轨只此一条,故须认明轨道行走,庶不致误入歧途。兹就本行范围,所有行员个人应自树信用者而言:

第一须遵守行章。盖行员于进行之初,业已承认遵守行章为信约,稍有违背,即失信用。类如行章规定每晨八时三刻到行,行员既已承认,若迟到一分钟,即是自己无信用,何能取信于行?本行按时或先时到行之人固多,迟到者亦复不少,而迟到之人,又每每不责自身之失信,反以为银行待之过严,此鄙人之所不解也。忆在美国欧芬银行时,每一行员,有一卡片,内分到行、离行等六行,依姓氏拼音之字母顺列,到行、离行时,即将该片推入钟机内,即印有时刻。某部分经理,办事极干练,因屡次迟到,竟被停职。故深望同人按时到行,自树信用,弗使完美成绩,留一迟到之污点,碍及进取。此不过举一为例,至应遵守章程之处甚多,务请诸君注意。

其次行员应以全副精神办事。此亦为进行之初所承认,业成信约者也。当派事之时,已有令其完善办理之意,承办之人,亦已承认完善办理矣,是信约已立,若草率偷闲,是自失信用。类如押款货物之价值,令其调查,是有探得确实市价之必要,调查之人,理应在贩卖帮中,详细调查,务得实况,作精确报告;若草率询问,不加详查,随意报告,与市价不符,事后发觉,则其调查之信用已失。又如令其调查某人之信用,若偷闲不往,竟将自己一知半解,或风闻所得,不察虚实,随意填报,则不但其人之信用未曾查得,自己先失调查之信用。再如派令记帐,已有字迹清楚、行列整齐、缮写迅速之默约,登帐之人,既接受此事,亦明知须遵守此约,倘不经心,字迹潦草,任意涂改,又是自失信用,于是不能不负破坏信约之责,以溺职处罚矣。此不过举其二三,以例百端。故无论何事,在接受之初,已有一种信约,存乎其间,无一不应遵约办理,以自树其信用也。

个人之信仰既立,再当于事务上考求。银行与其他商店营业,性质相同者,如银行收存款做放款,犹之商店进货售货,而不同者,如商店售出货物即了,而银行放出放款须收回,收入存款须付还,是以银行之责任较重。银行收入存款之时,已与存款人立有保管营运加利付还之信约,故银行放款经手之人,自放出之时,须知用款人有归还本息之信用,并负有收回本利之责任,应如何考虑,如何慎重,方是对于银行有信用,而使银行对于顾客不失信用,此尤为银行树立信用之基础。吾人在银行办事,应人人明此理存此心也。银行信用既立,固不虑存款人之不信任,然亦须使存款人明了银行情形,不必仰赖他人之传述,或附和他人之奖誉,方是真正信用银行。故本行陈光甫先生力主事事公开,如有存款人调查本行情形,无不竭诚相告,总行且备有种种图表,凡存款之人,均可导领阅看,此正所以取信于顾客也。

取信于顾客,根本上固应尽力在信用正轨上进行,而应付上亦须注意,不得托大自骄。本行宗旨在服务,尤须取得顾客对于本行服务上之信用,盖存款人信用本行,将其运用之款以及血汗所得之余,存入本行,本行业已与立约,代为保管营运加利付还。而对其存入付出之时,均应和颜悦色,竭诚招待,有手续不合之处,务须平心下气,详为解释,或事务确为繁忙之时,亦应好言请其稍待,千万不可稍露傲慢之色,或竟置之不理。鄙人时见同人中,有犯此种弊病者,故不惜饶舌,反复申述,务望诸同人特别注意。忆前在美习练银行事务时,曾见某大公司,训诫其同人之词,内有一条,大致云,如有黑色之物件,顾客误说白色,不准直接答以不是,须委婉解释其色之不白也。可见忤悔顾客,无论在何处,均为营业者所忌,而某大公司告诫之词，骤视之似觉离奇，实则公司职员与顾客之接洽，以顺从顾客之意，招接生意为目的，舍目的而争黑白，宜乎其有告诫也。鄙人在欧芬银行习练几近两年，所有各部分，均已走遍，从未闻有行员与顾客争执之事，亦从未见顾客有闲言者。我国人程度虽不及人，然在我一方面，必须于分内使顾客处处满意，方能做真正服务，而能取得顾客之信用也。

以上所述各节，实本行使顾客信用之最要工作，大家应共同努力，务使顾客对于本行有坚诚之信用心，实有厚望焉。

（《海光》三卷五期，1931 年）

一九三一年十一月五日

陈先生聚餐之宗旨，诸君当均已知之，其用意不外乎借此与诸君认识，并于聚餐时随意互谈。鄙人离沪半载，与总行同人更少晤面之机会，故今日在座诸君，鄙人相识仅有数人，且匆匆一晤之间，亦未必尽能记忆，他时相见，有知姓而忘其名，或知名而忘其姓者，甚或有姓名互易，张冠李戴，冠甲姓于乙名之上，或乙姓冠于甲名之上者，应请诸君原谅也。

此次鄙人于本年一月间来沪，原拟于四月间作蜀道之行，而四月间陈先生以事招来沪上，旋返汉皋，甫于六月间行抵宜昌，又以他事折回鄂渚，至七月间始得成行，由宜昌而达重庆，及自流井等处，而抵成都。在途中结伴同行者，为中国银行之张禹九君，此君办事精神之勤奋耐劳，坚强持久，实有可以令人钦佩之处。盖此次鄙人与之同行数十日，除五通桥、潼川两处，未与同往外，其余均与张君偕行。此数十日中，水路搭乘汽船，山行则用肩舆。汽船于清晨六时开行，则四时即须离床而起，料量行李。陆行时如遇短站，每站八十里或九十里者，起行犹可少迟，倘遇一百二十里之长站，则四更而起，晨鸡未唱之先，即须出发，且山行险阻，蜀道艰难，乘舆者时有戒心，故在舆中亦苦不能安息。

鄙人此次入川，在宜昌以上均为调查性质，并无一定职务。张君则以重庆、成都、自流井、五通桥、潼川等处,均有中国银行分行,及盐务收税机关,均须前往作行务上之考察接洽,除每日旅行辛苦外,仍须料理公务,不稍休息,并有时夜不交睫,治事至于达旦,数十日中,始终如此,毫无萎靡怠惰之容。大凡吾人办事,既须有强固振奋之精神,更须有贯彻始终之毅力,否则始而勤奋,继而敷衍,渐且置诸脑后,是之谓不能贯彻,总不免于虎头蛇尾之讥。此次鄙人作峨嵋山之游,在嘉定与张君约明相待两日,俟其由五通桥遄返之时,再行偕往,张君谓明日必返,相距虽只四十余里,其间尚须办事。张君果于是日即返,具有如此办事精神,实足以为青年之模范,此鄙人所极表钦佩者也。

在重庆时,亦曾识一甚有作为之人,为民生实业公司总经理卢作孚君。鄙人未抵重庆,即闻其名,抵渝后始与相晤,承卢君引导参观其各种所办之事业。民生实业公司为一轮船公司,初办时规模不巨,今已逐渐扩充,将各小公司之汽船皆并入民生公司,而为一三十万资本之公司。从前英商太古公司驶行川省内河轮船,损失权利不少,今民生公司以船价最廉,开支最省之计划,与外商对峙,不必与彼竞争,而外商已天然不能立足。故现在该省内河轮舶,几全在该公司航线之中,即有不在该公司范围以内者,亦仅为最少数而已。又有卢君所办之江巴壁合峡防局,江为重庆对口之江北县,巴即重庆之县名,壁为壁山县,合为合川县。所谓峡防者,川境多山,河皆有峡,卢君所办峡防,即嘉陵江自巴县至合川之一段也。峡中群盗如毛,在前清时已为行旅之患,民国以来,川将各立门户,日事纠争,峡中群盗,遂无人注意及此,亦无有人能起而剿办者。卢君鉴于行旅之不安,乃向当局者自告奋勇,创办江巴壁合峡防局,一两年间,竟能将峡中群匪驱除净绝,即偶有存者,亦潜伏不敢再出,于是行旅相庆,无不以为卢君之功也。

卢君生于北碚,为一三千余户之乡镇,而经营之成绩极佳,市政上之设备,应有尽有,无一缺乏。镇中有西南图书馆,有阅报室,有公园、医院、学校。距镇甚近之处，有一公园，园中有温泉，即名温泉公园。镇中并有一小规模之农工银行。此外一切公益事务，无事不举，无役不兴。卢君并遇事咸以坚忍刻苦之精神，以身作则，凡有地方事务，亟待举行，卢君不以局长之势力凌人，而勒令地方捐助，咸以克勤克俭之精力赴之，首先提倡，与人民同其劳逸，以是一事之成，用费既省，收效亦宏。卢君在民生实业公司，每月得俸二百元，而兼川康银行总经理，每月亦致俸三百元。卢君对于此款，分文不入私囊，即举此三百元，而悉以拨作图书馆之经费。其本人所御衣服，为学生装，极为朴素。其部属之办事人员，亦如之，咸能养成朴简勤劳之习。且各员每日皆须记录日记，简单载明其所办何事，汇交卢君察阅，借以考察勤惰，稽核成绩。卢君本人之生活，亦甚简单，饶有平民风味。鄙人曾受卢君邀膳，其肴馔为便饭式，共有三肴，一豆花（极嫩之豆腐，为川中特产），一火腿，一米粉肉而已；然核实言之，仅米粉肉及豆花两味，已足佐餐，尚多一火腿也。

一日吾等在温泉公园，有一青年请见，御学生装，而赤足不袜，吾等延之入见，则为一报馆记者，经卢君嘱其来此相见者也。综计卢君所办各种事业，其最难处，即为不立崖岸，不事铺张，以简单便易之方法经营之，处处皆有平民化之色彩；即以此青年记者之事证之，亦为平民化之一证。惟社会间有与卢君不合者，颇诋之为沽名钓誉，此种反对派，大约因深忌卢君之事业成功，故发为攻击之论。惟不过少数人之论调，其他多数人之议论，则均归美于卢君也。成都民生公司之经理蓝君，其办事亦甚有精神，虽较之卢君尚有不如，则或者以成都环境不同，致成绩不及卢君之美，盖重庆之权限划一，但能与当局者接洽，即可放手办去，成都则政出多门，其掣肘较重庆为甚也。

此外之办事有精神者，当推重庆之川江旅行社。该社为航务管理处所分设，开办时收入不敷，尚须亏耗，今则已可获盈余矣。

以前在川省旅行者，自出门到达目的地，其行李必经过八九至十余次之检查，骚扰不可名状。自川江旅行社成立后，苟以行李交彼运送者，只须检查一次，省去无限手续，旅行者无不称便。且该社职员服务敏捷，对人亦甚谦和。吾等有一次在出门两小时以前，以电话招其职员，以为其来尚需一小时以外，不意转瞬即来，舁夫亦至，其时吾等之行李物件，尚未理清，乃对此职员，表示抱歉。此职员亟谓无妨，待至二小时左右，始终未见现悻悻之色，亦无不耐之容，俟物件清理毕后，乃一一贴以该社封条，送至船中，照料且甚周至。吾见其至为劳苦，甚欲犒以劳金，惟以其作学生装，恐彼拒而不纳，未敢给予。嗣后闻人言，彼辈对于分外之犒劳，皆不肯收受，亦足见其风纪之佳。该社代运行李，取费亦不甚昂，按路之远近，而定纳费之多寡，每件该社但取资五分，余者仍归舁夫。惟该社既为航务管理处所办，则具有一种航务上之势力，故能诸事便利，若他人往办旅行社，则未必能如该社之便利矣。

以上所言，均为鄙人此次旅行中所留意之办事极有精神，而均能达到服务之目的者，鄙人觉此种精神，极可钦佩。鄙人今日所言，皆注重于精神二字，故特介绍于诸君之前。至于卢君之北碚乡政，鄙人以为不特可为四川一省之模范，直可认为全国之模范，盖为政不在于远骛高谈，而在于平易简便，所谓平民化之色彩，即平易简便是也。至此次川行，鄙人当另有日记发表。

汉口此次水灾，鄙人适在旅行期内，未能有所尽力，思之良用歉然。而此次水灾中，汉行同人服务精神，亦有足以令人钦佩者。我行汉口堆栈，共有七处，除三栈而外，一二四五六七栈所堆货物，完全垫高或转出，未受丝毫损失。而三栈所堆者，纯为淮盐，存栈之时，即由稽核所、榷运局会同加封，非两机关会同启封，则绝对不能移动。当水势迭涨之时，屡催盐号及稽核榷运二处启封搬运，而均迟迟不以为意，以为盐尚离水尺许，何至妨碍。于是崔幼南君与周苍柏、杨云表两君商议，赶筑水泥短坝，周围三栈四面，并塞沟眼以资防堵。不虞堤坝既成，水从地下倒溢而出，又值紧邻堆栈以汉阳兵工厂堤闸溃决，水势奔腾而至，栈墙倒塌，致连及三栈后墙，亦为压倒，盐为水势所浸，在下者悉化为卤液，溶入水中，在上者亦逐渐低陷，无法补救，然犹抢出六票余。崔君因此忧虑，发为之白。至于汉行之水，第一危险者，即为保管箱，箱重而巨，均装置于地库中，地库已经浸水，一时万不及通知原主，悉来开启，倘箱内要件浸湿，纵他人不加责难，已失去我行服务之精神，乃竭力设法用机器将各保管箱一律提出，堆存楼下。而水势步步增高，已有侵入前门之势，欲再将保管箱移庋楼上，则无论如此重量之巨箱，楼板能否胜任，即令可以胜任，一时亦不及再移，于是不得已而极力从事于防御前门之工作。同人亦多加入，努力防堵，杨云表君亲自填土装囊，增加高量。其时门外水量，已较前门高至六寸以上，幸而未为灌入，防水工作，遂庆成功。水灾之后，汉人相语，谓此次水灾中，汉上所有堆栈均有损失，而以我行所办之汉口堆栈，除盐之外，可谓损失最轻。观于汉行同人之视行事为己事，是皆值得吾人之钦佩，而足以认为模范者，是知办事苟有贯彻之精神，虽人力不可抗拒之天灾，亦未尝不可减轻其损失，况非人力不可抵抗之事乎？鄙人特以此言介绍于诸君，深愿诸君注意于精神之贯彻也。

（《海光》三卷十一期，1931 年）

一九三一年

今日航空时代，按照飞机之速度而言，则由上海至重庆，应可一日而达。鄙人此次曾在沙市乘飞机至汉口，是日适天晴而有风，据驾驶者言，飞机行驶，以此种天气为最宜，盖天晴无风，则恐中途遇雾，且难保气候不发生变化也。鄙人登机后，飞机开驶，安坐机中，极为稳适，殊不觉其推进之速，其情形与火车不同，惟半途似发生一度颠播，然晌即安定，以天气较佳之故，而又适值顺风，故一小时即抵汉口，较规定时间早至二十分钟。照例飞机到达后，应有汽车接送乘客，乃以早到二十分钟，汽车尚未开来，驾驶者急以电话催之，而主其事者不在彼间，无人接话，鄙人等在飞机场候至三十余分钟之久，汽车始到。主事者与司机员谈话之间，神色中转似以为不应早到，司机员谓吾曾以电话相告，而君不在彼间，无法通话。足见中国人之办新事业者，每不能令人满意。其实彼有汽车三辆，未尝不可先期开至飞机场，以待乘客，能为而不可为，此所以令人不满也。

在飞机场鹄候汽车之际，鄙人曾询驾驶者以中途颠播之故，彼谓今日飞至三千尺，而风甚巨，故又飞高一千尺，风始较定。机中计有六座，可以起立移步，有一门可通驾驶室，每开之以通空气，而便在后乘客之呼吸。但一开则机声震耳甚烈，同坐者不能谈话，苟不加护耳之套，则听官殊受刺激也。

人类性情，皆为累进式。譬如由沙市乘轮至汉，恐一日尚不能必至，飞机乃仅一小时有余，速至十倍而不止，但苟一到而汽车即至，则鄙人只须一时十余分钟，即可抵寓。今为汽车所误，其实通计亦不过二时，即已抵寓，然在飞机场仁待三十分钟，心已甚怀不满。此足为累进式之证也。

（《海光》三卷十二期，1931年）

一九三二年一月十四日

鄙人顷与朱吉卿君论及堆栈事宜，特将汉口堆栈情形，报告于诸君，俾诸君明了汉行堆栈之状况。堆栈事业，吾国自昔有之，惟多半为牙行主人所兼营，用以堆存客货，仅具雏形，而规模未备。以前上海各堆栈，多为外人所经营，规则较佳，管理亦甚严密，栈单签出，即负全责。汉口外商堆栈，亦仿照上海办法，当地人称为洋栈，惟华商堆栈，则形情腐败，管理不得其方，信用既不见佳，营业亦难获利。以前我行在汉所做货物押款，悉以栈单为凭，乃偶有一次货主到期不赎，我行往该栈提货之时，则此项押货之棉花，已为货主全数起去，诘以何故不凭栈单起货，彼竟恬不为怪，谓此间习惯，当有不凭栈单起货之事，不足为奇；堆栈苟与货主往来已久，认为可靠者，即不交栈单，亦可出货。我行又严诘以货已押款，主权转移，堆栈不见栈单，安能擅许起货，今有单无货奈何？彼谓货虽起去，转瞬即可复来，此何所碍。无术与之交涉，幸所押棉花，为数不多，然已略有损失。

　　本行睹此情形，认为堆栈不负责，押款即无从进行，乃变更办法，利用堆栈中人，招徕押款，而分给佣金。但货主平日运货到汉之后，暂存堆栈，一面仍须至各处收买货物，每有即以原货抵于堆栈，取值四分之一，而再往办货，源源营运，获利较多。然货主第二次办货之时，以时价涨落，货物多寡之关系，本人亦不能预知其此次办货若干，用款若干。为便利货主起见，货主遂留一空白押据于堆栈中，预盖图章于押据之上，临时倘有需用，则电嘱堆栈中人代向我行接洽，填明款数，给款汇交。行之未久，堆栈人员已深知我行押款章程，可以押至八折，货主所押多不足额，遂利用此项空白借据，多填款额，而即以余款私行办货，甚至以此款供其冶游赌博之资。我行为防杜此种弊端，即令堆栈方面为货主代做押款，而由堆栈担保，以为可以稳固矣。不意堆栈之弊，层出不穷，货主并不需款，而栈方乃私自抵押，数且甚巨。迨我行往查押货，则货固有之，而原主并无抵押之事，于是严予栈方交涉，几至涉讼公庭，经旁人出面调处，将堆栈四处，盘由我行接收管理，始得解决。此即今日汉行所属之四、五、六、七各栈也。

　　此四栈专堆棉花，因其地段皆在内河一带，汉埠棉花来源，皆由襄河输运，四栈咸在襄河要冲总汇之区，故此四栈为起卸转驳之便利计，专以棉花为存放品。此外尚有第一、第二两栈，则地在租界，所谓洋栈者是也。第三栈则专堆盐及杂货，至于管理之方法，除一、二两栈，系仿照外商堆栈之办法外，第四至第七栈，管理颇见困难，内部分之管理，犹可积极整顿，循序推进，而外部分时有纠纷，则解决殊为不易。譬如堆栈码头，原为我行所建，然无论何处之来船，靡不就泊，令其移往他处，则懵然不理，与之争论，则又无理可喻，每每至于门殿呼詈，扰及秩序，制止为难。且汉口旧规，棉花重量须由堆栈代为过磅，故堆栈之磅秤，必须至棉花业公会校定之后，方能使用。买客既凭过磅单结价，卖方亦凭过磅单结算，其间每有互谓堆栈过磅，不尽不实，买方嫌其重量之多，卖客又诋其重量之少者，其性质直与公证人之地位相等，故一遇纷纭聚讼之时，堆栈方面，甚感不易平亭之苦也。

汉皋旧例，棉花栈租，须以三个月为起点。堆存三个月者，每包取栈租银一钱八分，每包每月，计取银六分；但存栈不及三月者，栈租亦照三个月收取，即今日堆存，而明日售出，每包亦收银一钱八分。甚有卖客之棉花，甫到码头，即已售出，卖客仅在堆栈过磅一次，即须缴付每包一钱八分之栈租，考其实际，则直为过磅之费而已。此种习惯，既有偏枯，亦欠公允。在堆栈方面，则为取巧起见，狃于俗例，不愿取消，或且以为不如此则堆栈即有亏耗之虑，盖棉花每包占地匪尠，堆栈用人既多，开支亦巨，不能不于此中套取利益。但我行殊不以此举为然，曾数次开会，筹议改良，拟略加棉花栈租为每包每月取银一钱或八分，而以一个月为起点。合计货主之营业手腕，较为敏捷者，每年可套做十次，以每包每次纳租一钱八分计之，则每岁须纳费三十个月，计银一两八钱，今加为每包每次纳租银一钱，则仅需银一两，此于栈客两方，皆有利益，而客方多表示不愿赞同，因此不能改革，只可从缓筹商。惟以前各堆栈上落棉花之际，每遇破洒，即为栈方之利益，因而有意任其破洒者有之，取阅样花时，故意多取者有之，自我行自办堆栈以后，即将此项破洒之棉花，汇齐代售，仍以售价给还顾客，惟破洒者既不能确定为何人之物，又无从分别其破洒之多寡，仅能按照包数平均摊派。栈方既明知破洒于己无益，自不至再有任其破洒之事，各顾客对于此举，甚表赞成也。

鄙人因谈及堆栈之事，因而联想及于汉口之堆栈，觉管理堆栈之人，无时无处不须用全副精神，稍不经意，即出弊端。并又因而念及世界无论何事,皆须以全副精神应付之,俾精神始终贯注,必可达于成功之域,否则我之精神先未贯澈,安望有成?

此次汉口水灾,我行三栈所堆之盐,溶化至十一票之多,但其责任不在我行,而在稽核所及榷运局之延误。向例准盐入栈之后,须稽核所及榷运局会同加封,不经两机关会合启封,他人不能移动。当水势逐高之际,我行曾屡促稽核所、榷运局迅予启封,以便设法垫高,乃两机关迁延未决。至于水势浸逼,无可如何,乃急筑水泥之隄,围护三栈四周,以资堵御,即所有阴沟,亦经先行堵塞,防其泛滥。不意隄已筑成,而水自地下喷溢而出,始不得不从事移驳,三栈前半堆盐,后半度置杂货,杂货均经分别垫抢,全无损失,而盐则损失至十一票。此外第一、二两栈,以及四、五、六、七四栈,亦经一律抢护,未受丝毫损失,未始非精神贯澈之效也。

栈盐损失,业经盐务当局准予免税补运。此项盐斤,本轻税重,盐商但能补运,损失即已不多,又经我行与盐商续订合同,予以助力,将来汉行此项损失,均可陆续收回,在实际上并无多大损失。惟筑隄搬垫等一切用费,合计约二万三千余元,日来汉行详细报告,业经寄到,所谓我行汉口水灾损失者,如此而已。

(《海光》四卷一期,1932 年)

编后絮语

　　杨介眉先生的谈话风格,往往视角独特,颇具学理性。比如,他简要叙述了会计学的基本原理和历史,并以一张支票的流传手续为例,充分说明了银行簿记的重要性。再如,对"银行如何可得顾客之信用"这一问题,他认为"必须于先自省所作所为,是否在信用二字轨道上";"个人之信用既立,再当于事务上考求"。而且,杨介眉先生常常用亲身经历来说明问题，更增加了感染力和说服力。比如，他在谈话中提到的张禹九先生、卢作孚先生，以及川江旅行社、本行的堆栈等等例子，肯定给时人留下了深刻印象；而与此同时，银行所非常需要的办事精神、服务精神等，自然也都在一个个精彩的故事中传达和表露无遗了。

杨荫溥(1898~1966)

字石湖,江苏无锡人,清光绪二十四年(1898)生。1920 年 7 月毕业于清华大学,公费选送美国留学,获劳伦斯大学经济系学士、西北大学商学院硕士学位。1925 年 9 月回国,先后任上海光华大学商科副教授,兼工商管理系主任、教务主任、代理院长,同时兼任国立中央大学商学院教授,国立劳动大学、暨南大学、上海法学院教授,讲授中国金融和经济学课程。1931 年 4 月任浙江兴业银行南京分行经理,1934 年 2 月调任总行总务处长,后又兼任总行储蓄部经理和经济研究室主任。兼任中央大学法学院、上海交大管理学院教授及光华大学商学院院长等职。1936 年 10 月被国民政府外交部委任为驻日内瓦中国国际联盟办事处经济专员。1941 年 1 月回国后,历任邮政储金汇业局首席秘书兼经济研究部主任、总务处长、四联总处秘书和银行人员训练所教育长。1942 年任国民党中宣部党报社论委员会委员,兼任重庆大学商学院、复旦大学商学院、中央大学等校教授。1945 年 10 月起历任中央信托局储蓄所经理、上海证券交易所协理、上海现代经济通讯社和金融日报社社长、上海光华大学商学院教授等职。1950 年 2 月加入中国民主建国会。1952 年后任上海财经学院教授、上海社会科学院经济研究所研究员。1966 年 9 月去世。著作有《中国金融论》《中国金融研究》《中国交易所论》《上海金融组织概要》等。

铁槛里面的冷气

我的同学梁秋郎君,在民国十六年主编《时事新报?青光》的时候,曾经写了许多含有讽刺性的短文,逐日在《青光》栏内发表,当时颇受一般读者的欢迎。不上三个月,梁君脱离《青光》以后,就汇集这四五十篇短文,交由新月书店出版,取名《骂人的艺术》,中间《化钱与受气》一篇的末段,是这样说:

"此外如车站、邮局、银行等公众的地方,也正是我们年青人练习涵养的地方。你看那铁槛里的那一张脸,你要是抱着小孩子,最好离远一些,留神吓坏了孩子。我每次走到铁槛窗口,虽然总是送钱去,总觉得我好像是向他们要借债似的。每一次做完交易,铁槛里面的脸是灰的,铁槛外面的脸是红的!铁槛外面的唾沫往里面溅,铁槛里面的冷气往外面喷!"

车站同邮局,大致人人和它都曾经有过接触,在这两个地方,铁槛里面的冷气,是否往外喷,我们暂时不必去讨论它。不过秋郎拿银行也列在里面,我们在银行中服务的人,读了它却不能不和槛外人一样,脸上发起红来。

秋郎的话对不对,我们暂且不必去问他。现在先让我举几个我所耳闻的事实来谈谈,这都可以代表社会一般对于银行的印象,极值得我们注意的。至于事实是否真确,或是否有"过甚其辞"的嫌疑,我们都可以不必问它。好在我们是用来作为自己勉励自己的资料的,"有则改之,无则加勉",人家骂得愈厉害,我们就应当向改进方面愈努力,这才是正规。

民国十七年一个春天的晚上,某同学会在上海某菜馆举行聚餐,我也是当时到会的一分子。在餐席上,我的对面坐了一位在银行办事的某君，我的左面却是坐了一位某大学的教授，这两位原是极好的朋友。天东地西谈了好一会天，不知不觉渐渐地谈到银行方面去了。后来谈到银行服务问题，某教授却举了一件他所亲身经历的事实，这就是我现在要诚实地复述出来的。某教授说，他的学校每月发出的薪水，大致都是用的某银行支票，所以每个月领到支票的时候，他总得到某银行去领款一次。他继续说：

"我第一次到某银行，记得是在一个秋天的早上，刚刚在九点零几分，银行开门不久的时候。此时铁槛外面，虽则已挤了四五个伸长颈子、拿了支票的人；铁槛里面的人，却似乎在离家到行，长途跋涉以后，不能不稍事休息。所以槛外人虽则似乎已有等得不耐烦的神气，而槛内人却是仍旧在悠悠地吸他的烟，闲闲地谈他的心。好容易等了六七分钟，吸烟吸完，谈心谈毕，支票从铁槛窗中递了进去，领款铜牌从铁槛窗中递了出来；领款到手的希望，似乎不久就可实现了。可是事有出人意外的，在槛外等了几分钟，仍旧不见动静。向槛内一望，不由得你再度失望。槛内人正在看他的报纸，支票呢，还休息在他的桌子上面。这样呆等，前后足足有二十分钟，最后总算叫到了我所领到的铜牌上的号码，现款毕竟领到了。我就随着其他槛外人，欣然向大门走去，结束了我第一次的拜访。不消说，下个月支票发出来的时候，还得整个的重来一次，到某银行去与第一次大同小异的，消磨这不容易消磨的一刻，或是二十分钟。"

"老实说"，某教授郑重地声明，"多等一刻，或是二十分钟，在银行忙的时候，是常有的事，原不算什么。最令人不能忍受的，就是槛内那张冷气逼人的脸。当你走到窗口，招呼他的时候，他那种似见非见的神情；当他走近来接待你的时候，他那种半理不理的态度，实在有使得和他接触的人不能原谅他的地方。"

当时他那个在银行里办事的朋友听了，也只有微笑摇头。我想，这说不定都是那一个付款员个人天生的特性；然而，倘使这个事实是确实的，那他为某银行铁槛里面制造冷气，实在可以说是十分努力了。

大约这是三年以前的事罢，内人有一次拿了一张人家开给她的支票，到上海某外国银行去取款。说也奇怪，照铁槛前面写的牌子上看去，似乎可以取款的地方，拿支票递进去的时候，只见槛内人摇着头，向右方一指，嘴里说："向那边去！"碰了一个钉子，勇气就减少了许多，向右边一看，窗洞又有七八个，不知挤上哪一个去好。预备了再碰钉子，鼓着勇气，去试一试右方第一个窗洞。使她更惊奇的，是刚才左面槛内人指示她到右方来的，现在右面槛内人却是又在指示她向左方去了。结果，打了三四个来回，碰了五六个钉子，方才达到她领款的目的。

我相信这样相类的事情，凡是和银行有往来的人，说不定都有亲身经历的机会。我有一个朋友，曾经和我谈起，他在两年以前，有一次带了三千块钱一张汇票，想到某银行去存作定期。当他问槛内人一年定期利息多少的时候，槛内人除了回答"七厘"两个字以外，没有多费一个字；并且说完了"七厘"两个字以后，就匆匆地离开窗洞到别处去了。结果，他受了一阵冷气，仍旧怀着那张汇票，另找别一个银行存去了。他最后忿忿地说：

"我想照这样办理银行，倒是很简单的事。定期存款窗洞口，可以不必放什么人，只须写'一年定期七厘'六个大字挂上就兴了。好在放了活的人，他所做的事，也不过同一块死牌子一样！"

可是我们要注意，我们决不承认，凡是银行都是一律冷气逼人的。现在有许多银行，在接待顾客，及其他种种方面，确乎已经有许多进步，并且正努力地在继续改良。不过许多银行中间，只要有一两个，或是两三个银行，仍旧在保持着他们传统的尊严态度，社会方面对于银行铁槛里面冷气的观念，就不会大大改变。一个银行中间，只要有一两个，或是两三个行员，仍旧在"吾行吾素"的做去，那一个银行铁槛里面冷气的外喷，就有足以"拒人于千里之外"

的力量！

这种的改革，一方面固然是靠着银行当局的随时指导，一方面却仍旧靠着行员的自动努力。老实说，要铁槛里面一些没有冷气，在银行方面，是极不容易办得到的事。在中国无论哪一个银行，恐怕都不敢"以此自夸"罢。

据说，这种现象，在上海的各银行，似乎还好一些。内地银行铁槛里面的冷气，听说有时还要来得浓厚。据一个从乡间来的亲戚说，一个和他曾经有过往来的银行，虽是规定九点钟开门的，可是你有时到九点半钟去领款，或许因为主要人员尚未到行的缘故，再叫你坐等一刻半时，并不算什么一回事。最可惊奇的，就是他们对于这种事情的发生，并不表示什么歉意。主要人员到行的时候，说不定还要吃了一碗肉面，然后再来理会你顾客呢（据说这是千真万确的事实，虽则我不十分相信）。难道这也是表示银行尊严所应有的举动吗？这种观念不根本改变，这种习惯不完全打破，银行铁槛里面的冷气，就是天天用火炉来烧，也驱逐不了的。

不是我在崇拜外国人，他们在本国办的银行，铁槛里面的冷气，确乎是要少得许多。就拿美国来讲，他们行员的日常事务，似乎还要比中国各银行行员来得忙一些，单单支票的进出，一天有几万张，似乎不算什么一回事。可是，他们槛内和顾客接近的人，无论收款付款，对于顾客"某先生，你好么"、"某先生早安"等问候语，总是说的时候多。有机会，说不定还要闲谈几句。这轻轻几句闲谈，无形中就发生了许多热气，不知不觉养成了银行和顾客间的感情。

普通一般人——自然我自己也不是例外——走近银行的时候，老远就看见了那样巍峨高大的建筑；将近大门的时候，又抬头看见了带着手枪的警察。倘若你是第一回想走进银行，这时候——在未进门以前——已经非有了十分勇气，似乎只好永久在门外徘徊了。当你鼓着勇气进了大门之后，看见那办事员和顾客中间一道光亮的长柜铁槛,已大有"寒噤"之意。所以在槛内人的脸上,即使不再加冷气,顾客已有"高处不胜寒"的感觉。这是我们在银行服务人们所特有的困难:就是,要在这种冷气逼人的环境中间,生发出蓬蓬勃勃的热气来。

据老于银行的人观察,听说银行办事员脸上的冷气,和他在行里的资格,有时不无相当的关系:服务愈长久,待人接物也愈谦和的,固然是不少;但是资格一老,就"老气横秋"起来,亦未必完全没有。不过他自己在行里的资格,和行外来的顾客,似乎总连带不上什么关系来。银行靠有资格的人来制造冷气,银行又何贵乎有那些老资格的人呢?

所以,这应当是我们——在银行服务人们——的口号:"驱除银行铁槛里面的冷气! 生发银行铁槛里面的热气!"

(《兴业邮乘》一期,1932 年)

编后絮语

"一个银行中间,只要有一两个,或是两三个行员,仍旧在'吾行吾素'的做去,那一个银行铁槛里面的冷气的外喷,就有足以'拒人于千里之外的力量'。"杨荫溥先生以非常朴实的语言,讲述了银行员服务态度对银行可能带来的巨大影响。他还提出了一个非常值得注意的现象,即随着服务年资的增加,有些银行员脸上的"冷气"随着增加;"银行靠有资格的人来制造冷气,银行又何贵乎有那些老资格的人呢?"他的这篇文章发表后,当时即在浙江兴业银行内部引发了强烈的反响,并因此展开了一场专题讨论。时至今日,服务问题又何尝不是银行经营管理中一个永恒的话题呢?

叶景葵(1874~1949)

字揆初,号卷盒,别署存晦居士,浙江仁和(今杭州)人,清同治十三年(1874 年)生。1898 年入通艺学堂,1903 年癸卯科进士。1905 年任清财政总局会办。1909 年 8 月任浙江兴业银行经理。1911 年春任天津造币厂监督,同年由清政府任命为正四品京堂候补,署理大清银行监督。1911 年 6 月辞浙江兴业银行职。1915 年任浙江兴业银行董事长,1945 年秋改任常务董事。1949 年 4 月 28 日因病去世。

自卢沟桥事变起,演变到"八一三"沪战爆发以后,我们现在集会之地点,变成恐怖世界。我全国为自卫生存而战,经过三个月之支撑,三十万健儿之壮烈牺牲,不幸金山卫失守,全线动摇,真可谓"千金之堤,溃于一蚁"。现在战区愈演愈广,《左氏传》云:"疆场之事,一彼一此,何常之有!"故最后胜利,不能说十分有把握,亦不能说一定做不到,我们只有馨香祷祝。今日到会股东,均系患难与共之人;尚有无数股东,散在各处,其所受患难,恐有甚于我们者,邮递与交通,到处阻碍,无从慰问,想到会诸君,定有无穷感慨。

二十六年份上半届经济情形,承二十五年下半届顺调好转之趋势,续有进展。新货币政策,异常稳定,农产丰收,物价平定,海关输出输入,均较上年同期激增,入超则见减少。金融业亦著著顺手,证以本行上半届之业务,存款增加甚速,放款门路甚多,存放两项,旧户活泼,新户涌至,处处有乐观气象。凡与本行债权有关之工厂,如武昌第一纺织公司,于二十五年十一月,由复兴公司租赁开工,适值纱价步涨,大获盈利,在二十六年份全年获利二百三十余万元中,上半届占一百万元。上海杨树浦恒丰纱厂,于二十五年十月,由中棉公司承租开工,至二十六年六月底止,获利一百二十万元。三友实业社杭州棉织厂,二十六年上半届,亦甚获利,合同展期,厂基押款减少。汉口五丰面粉厂、太平洋肥皂公司,上半届经营成绩亦甚满意,放款进出活泼。上海华丰搪瓷厂、灵宝机器打包厂,上半届均有盈余,透支押款数目减少。即在二十五年以前经营不利之工厂,如郑州豫丰纱厂、上海天章造纸厂之类,均积欠我行巨款,上半届均已将本息收回,合同结束,非市面蒸蒸日上,断难如此顺手。

自从卢沟桥一炮,顿然将全市乐观气象取消,但外交和平之门未闭,政府虽有抗战之准备,并未重大决议,全市商人,均趋向和平,尤其是金融业,认为揆情度理,两国为百年大计,应有和平方法,可以化险为夷。其时讹言繁兴,市面紧张,商界仍将信将疑。不料八月十三日上午十时,突奉财政部命令,银钱业休业两日,一方面得报,前线业已开火,于是全市和平之民众,顿现恐慌紊乱之空气。十五日星期日,又奉财政部命令,颁布《非常时期安定金融办法》,同业乃于十六日一律开市。总行于是紧急会议,筹备布置一切,其大要:(一)遵照部令应付存户,凡存户有特别需要者,务于不抵触部令之范围内,尽量援助。(二)竭力收回放款,而凡各往来户之进出活泼、交谊深厚者,仍酌量通融。(三)集中各分支行庄之准备,使各地有无相通,互相救济,以防汇兑之阻碍。(四)联络各同业,互相援助,以防战事之扩大与延长。(五)虹口、北苏州路两支行于八月十七日移至总行办事。至八月二十七日,总行各处部均迁亚尔培路六十九号,成立临时办事处,至十一月十五日始迁回原址。——以上所述,不过寥寥百余字,但本行重员,当此紧急关头,实已心力俱瘁。鄙人因悼亡,居山养疴,未能到沪患难相共,至今犹觉歉然。

当时社会情形,在猛烈飞机重炮之下,恐慌已达极点,有取出存款,存入保管箱者,到期之定期存款,多数转入活期,平常勤俭储蓄之人,往往支取多数法币,以备逃难之用,各同业之存款激减,已成普遍现象。兹将本行二十六年底各项存款结余额,与二十五年底比较如下:二十六年底各项存款结余额,计营业部定存较上年减二,二九二,七〇一元零,活存增一,九三六,三一〇元零;储蓄部定存增六二四,五六三元零,活存减一,四二四,五五六元零;信托部定存减二一七,二七一元零,活存减二九一,七六四元零,增减相抵,全行存款共减一,六六五,四二〇元零。再将放款比较如下:二十六年底全行营业、储蓄、信托三部放款结余总额,与上年比较,计抵押放款减三,一八四,八四七元零,抵押透支减一,二一三,八四五元零,押汇减七五一,四一一元零,贴现增三,八八二元零,往来透支增八四三,七八二零元,定期放款减八二,一一五元零,增减相抵,全行放款共减四,三八四,五五五元零。照上列数目字观察,存款减少一百六十六万元,放款减少四百三十八万元,足证本行厚集准备,应付非常,当时煞费心力。

本行分支庄仓库,散处各地,除平、津两处,相继沦陷,为政府势力所不及,当密令该分支行苦心应付,随时与总行密切联络外,先将青岛支行、仓库,于十月十六日裁撤,酌留人员,办理结束,公告存欠各户,来行接洽。至十一月中旬,办理完竣,得当地市政府之允许,安全撤回。又将灵宝分理处收束,于九月十七日宣告对外停止营业,仅留本行债权有关之中华机器打包厂,令分理处主任驻厂经理。

又令杭州分行准备撤退,在徽州、严州、衢州三处择定地点,作为临时营业所。不料杭州全市,恐慌过甚,于十一月十六日由银行公会议决,所有商业银行,均于次日停业。总行于十九日接到电报,不以为然,即与浙江实业银行会同,电致杭行,令其复业。又于十二月六日,由总行特派妥员赴杭协助,经数度协商之下,本定十二月二十一日与浙江实业银行一同复业,暂由后门进出。不料是月十六日,奉到黄主席密令,嘱令退出,不得已,将重要各件运至总行,于二十七年一月五日对外通告,由总行代理收付。杭行附属之湖墅分理处,亦于十七日休业,惟湖墅仓库因出货关系,尚照旧办理。杭行附属之吴兴分理处于十一月十八日休业。此两处均已沦入战区,至今情形不明。

南京分行由总行密令以汉口为退步,乃与各同业联络筹备,预雇外轮,为运送要件及行员之用。至十一月二十六日,奉到最高当局允准,始与各同业一齐退出,集中汉口,先在汉行办理收付。于二十七年一月间，将全部行员，送回总行，于一月二十四日对外通告，由总行代理收付。总行附属之无锡支行及苏州分理处、常熟分理处，总行以京沪不通，亦令集中汉口。锡行于十一月十三日，与各同业一致退出，其时交通工具，都作军用，勉强雇得一船，行员十人，每人只携包裹一个，重要契据图章，皆随身携带，预备船被征用，即上岸步行，行至镇江，搭坐轮船，安全抵汉，先在汉行办理收付，随后与南京分行人员结伴同回总行。惟苏、常两分理处，本令撤至锡行，一同迁汉，乃苏处行员与上海银行合坐一船，赶至无锡，而锡行已于先一日撤退，苏处主任与收支赶至镇江，不见锡行人员，只得搭轮赴汉。苏处会计及助员一人，在船保管行款及帐册图章，行至吴兴夹浦镇，遇盗搜劫，失去行款一万数千元，私人物件多数被劫，惟帐册图章，由会计间关跋涉，辛苦保存，至今尚在安全地带；该会计及助员一人，亦已回至总行。常熟主任及会计、助员二人，未离该地，所租行屋，业已炸毁，该处库存早已并入锡行，每日传票亦逐日寄至锡行，重要图章，由该主任等随身携带，伏处乡村，艰难困苦，始终保存，现已回至总行。所有无锡、苏州、常熟各行处，均于二十七年一月间陆续对外通告，由总行代理收付。

郑州支行及汉口附属之驻马店寄庄，总行先后令其收束，郑行于十一月二十五日对外通告，停止营业，驻庄亦于同日撤回汉行。总行附属之新浦分理处，令其与蚌埠分理处约同进退，亦以汉口为终点；该处主任因营业关系，至今尚在坚守中，总行续令于不得已时赴乡间暂避；目下虽未沦入战地，但音信稀少，殊可悬念。——昨夜始闻淮北运使尚未离所，该处公路已坏，已雇得小船，预备紧急时与各银行职员一同退出，希望其安全脱险。南京分行附属之蚌埠分理处，本定十二月十六日休业，迁至河南省之固始，因处主任顾念仓库押款尚值十万元，不肯远离，乃与同事数人，避至就近之阜阳县孙家埠暂居，预备炮火停时，回去察视仓库；总行令其退至固始、汉川一带，与信阳寄庄联络，一同退至汉口，至今未知行抵何处,而蚌埠已入双方鏖战之范围。汉行附属之信阳寄庄,因有盐押款关系,再有一个月可望完全结束,该庄办事员,尚在艰难奋斗中,汉行已令于必要时撤至汉口或信阳以西之地点。此本行对于浙、苏、皖、豫四省各分支行庄分别收束之大概情形也。

自大场失守以后,深知京沪、沪杭两线不易支持,万一上海沦陷,将与京汉隔成两撅。其时政府当局有令各同业将总行迁至南京之议,政府四行,内定名义上迁南京,事实上迁汉口,商业银行,虽不必定与政府四行一致,但恐届时限于功令,不能不未雨绸缪,经董事会议决,令鄙人先至汉口筹备,鄙人正居莫干山,遵于十月二十一日取道湖州、广德、宣城、芜湖,乘船至汉。其时沪西正在鏖战,武汉平靖无事,鄙人乃于十一月十日前往南京,探听前方消息,不料十二日甫抵南京,即闻前线动摇,苏、锡吃紧之报,乃于十四日折回汉口,目睹政府各机关纷纷西迁,下游避难民众,填街塞巷,而我京、锡、苏、常、郑,驻各分支行庄同事,亦先后跟踪而至。

其时避难民众中,有总行及京、锡、苏、常各处存户,大都资斧不继,即由汉行及京、锡各行之原经手人员分头应付,务令于遵守部定办法范围内酌量通融,以解决存户之紧急需要。而各存户中,又有迁往重庆、长沙等处者,均以本行分设支行为必要,总行本有调查川、湘,发展营业之计划,乃乘此时机,创设重庆支行、长沙支行。除总行原派调查人员外,其余即选京、锡各行撤回之人员,就近前往,积极布置,已于二十七年一月间先后开业。既有重庆,必需兼顾成都,已决定设立成都分理处,正在调查研究中。长沙物产丰富,南通两粤,地居西南要冲,决定分设常德寄庄,以顾湘西,分设衡阳寄庄,以顾湘南。亦选各行处撤回人员,前往布置,组织务求简单,以期节省费用,均于二十七年一月间先后开业。

至各行处撤至汉口人员,除派往川、湘,及留汉行任用外,均经先后送回总行。鄙人亦于二十七年一月二十三日取道香港,回至总行。汉行地位重要,鄙人在彼,曾遇空袭五次,汉行地址系在特区以外，万一战事波及，不能不先事提防。鄙人在汉时，已商定由汉行经理与各商业银行密切联络；大约各家宗旨及重要商业领袖之表示，皆以效死勿去为原则，至临时应付方法，已在法租界吕钦使街租有临街房屋，备于必要时迁至该处，成立临时办事处。至于重要契据、历年帐册，及仓库内押款货物，均已存入安全地带；每日库存，亦格外注意，务以减少危险为主。此本行对于汉口分行以及川、湘两省新设行庄，筹划布置之大概情形也。

以上报告，前后分为两截，有阳舒阴惨之不同。上半届完全乐观，仿佛如春生夏长，蓬蓬勃勃；下半届顿然悲观，有秋冬肃杀气象。鄙人旅汉时，正值南京失守，后方震动，道路传闻，对于军事之窳败，军纪之纷乱，官方之不饬，正论之不伸，未尝不十分悲观；但目睹各方面青年奋斗情形，则又有乐观之理由。

上文所述三十万健儿，同心效命，视死如归，固为青史上不可磨灭之光耀；其他如各处铁路员工，尤其是粤汉、广九两路，在飞机轰炸下，随毁随修，随修随运，几有鬼神不测之妙；如各处邮政员工，在火线以内，负责输送，艰难困苦，步伐整齐，其服务与军队无异；如政府所属各工厂员工，由南京、杭州、孝义、南昌等处撤退经过汉口者，距现在所谓安全地带，相去远者数千里，近者亦一千里，一头破坏，一头建设，敏捷而有秩序，出于意料之外。又如各校求学之中大学生，有至重庆者，有至长沙者，有徒步至桂林或昆明者，有结伴至临汾或肤施者，劝以东归，则掉头不顾，此等精神，深可敬佩！

请再证以本行之事实。本行创办三十年，至少有二十年光阴在内战之中度日，现又演成国际战争，焚杀抢掠之惨最甚者，为江浙两省之心脏，皆本行多年托命之地，一旦彻底破坏，焉得不悲观。但如上文所述，自战事起后，无论战区以内，或战区以外，卓然有临难不苟之气概：个人之父母妻子可以不顾，而行务则始终不懈；个人之生命财产可以牺牲，而行产则丝毫无损。"疾风知劲草，板荡识诚臣",于兹益信！现在可以断言：本行前途之发扬光大,其希望不在头童齿豁之董监事,而在此辈活泼勇敢、公而忘私之青年,鄙人所引为乐观者在此。在座股东,皆此辈青年之保姆,谅不河汉予言！

（《兴业邮乘》七十四期,1938 年）

编后絮语

  防控各类风险是银行业永恒的主题;而能否有效应对重大突发性风险,更是对银行高管层智慧和能力的严峻考验。以叶景葵先生的话来说,1937 年的上半年和下半年,"上半届完全乐观,仿佛如春生夏长,蓬蓬勃勃;下半届顿然改观,有秋冬肃杀气象"。在"八·一三"淞沪抗战爆发之后,根据政府监管部门要求和自身实际,浙江兴业银行所采取的种种应对措施,包括限额支付存款、收缩放款、集中准备金、联络同业、搬迁或裁撤战区分支机构,以及创设重庆、长沙等支行等等,都是相当明智之举。这篇文章叙述清晰,细节生动,同时也为我们留下了一则当年银行应对重大突发性事件的珍贵史料。

张嘉璈(1889~1979)

字公权,江苏宝山(今属上海)人,清光绪十五年十月二十一日(1889 年 11 月 13 日)生。毕业于日本庆应大学财经科。1909 年在北京任《国民公报》编辑。1913 年 12 月任中国银行上海分行副经理。1916 年在停兑风潮中,同中国银行上海分行经理宋汉章决定不执行北洋政府停兑命令,风潮过去后,中国银行声誉大增,被称为"有胆识、有谋略的银行家"。1917 年参与创办《银行周报》,为民国时期最早发行的金融专业刊物。同年 7 月调任中国银行副总裁,期间主持修改《中国银行则例》,并整理 1916 年遗留下来的不能兑现的"京钞",设法扩充商股,增强了中国银行的实力。1928 年 10 月中国银行改组为国民政府的外汇专业银行,张被任命为总经理。1935 年 3 月辞去中国银行总经理一职,同年底任国民政府铁道部部长。1947 年 3 月任中央银行总裁,后兼任中央信托局理事长,1948 年 5 月免去中央银行总裁一职。1949 年 4 月去澳大利亚,担任悉尼大学经济系教授,1953 年赴美国任教并从事经济研究。1979 年 10 月 15 日因病在美国去世。著作有《中国铁路发展史》《通货膨胀的螺旋:1939～1950 年在中国的经验》等。

银行员的本职——做生意

　　从前不论什么人，要进商界，总得先做徒弟，学生意。进药材行的，亦是学生意，他告诉人便说是我学药材生意。进洋货店的亦是学生意，进钱庄的，亦是学生意，他们告诉人便说是我学洋货、钱庄生意。可见不论什么行业，脱不了生意两字，入门的时候，先得学做生意，等到他徒弟出师，慢慢有了经验，他就可以做生意了。这个人能做生意的，就说他懂生意经。

　　我们将生意两字的解释，暂且不论，从前的学生意，到底学些什么？就我们所晓得的，做徒弟的时候，洒扫应对，文字，记账，算盘，都得要学，店里的一切打扫，上级先生们一切使唤，顾客来了，倒茶，递水烟筒，都是徒弟的事，余暇便学写字，学写信，习算盘。过了徒弟的时期，慢慢做了先生，在内的管理账务，在外的出去跑街。商店的跑街，出去兜卖货物，钱庄的是出去兜放账款，货物的卖价，如其是欠款，同钱庄的账款，一样都是信用放款，这位跑街，就得天天注意顾客的信用，同时就得时时注意这位顾客所做卖买的状况，到了节上年底，所放的帐，能笔笔收清，这是好跑街。若是这位跑街先生，有一二百好主顾，有存有欠，欠的年年清楚，这位跑街，一定可以升做经理、副理了。

　　以上说的情形，好似很简单，我想想实在是极有意义。初做学生意时，先教他洒扫应对，这是教他晓得做店员的纪律，教他知道怎样待人接物，将来做生意时，不至得罪顾客。文字算术，那是必须的智识，更不必说了，做了跑街，他必须晓得怎样接近主顾，怎样辨别主顾的好坏，研究主顾的信用程度，考求主顾所做营业的实况。好的主顾，怎样使他的来往一天增加一天，不被竞争者夺去，坏的主顾，怎样使放的账款，一天减少一天，若遇失败的时候，怎样使帐款比别家先收回，可以补救的，怎样补救他。这许多工夫，完全靠他的心思才能和经验，有的他进步得很快，有的他非特进步很慢，并且毕生不能成功，因为这个工夫，是很不容易的。现在新式银行家所需要的，亦不外乎此，这个是叫学做生意。

上面说的是从前所谓学做生意的步骤，从这点吾想来说说生意两字的意义。上海在马路角上开一家兑换店的，最初并没有想到带卖香烟，因为吃烟的人多，不能多到公司去买，有的换了钱，顺便买一支香烟，有的要买一匣香烟，换一块钱，香烟公司就利用这种机关，推销他的香烟，兑换店就有了香烟营业了。这个香烟营业，是从他便于卖销香烟的意思生出来的。从这个意思上，肥皂行家，洋蜡烛行家，亦想到这种人人需要的消费品，与香烟互相上下的，为什么不可以托兑换店代理呢？于是又添了洋烛、肥皂的营业了。在这个店本身想想，既替人家代销洋烛，买洋烛的往往要买洋烛盘，为什么不替人销销洋烛盘，于是又添了一种营业了。又如北四川路兑换店，有许多外国水手，拿了外国金币，要兑中国银元，他们就做兑换外币营业。所以一种一种的营业，都是从意思的动作上生出来的，从你每日所见所闻的各种事物上去用心思，发生新的意义，可以见诸实行，产生新事实，这就叫做生意。别人的生意，我替他发生关系，叫做做生意，香烟行家将烟交给兑换店代销，就是香烟行家做兑换店生意，同时亦是兑换店做香烟行家的生意。兑换店晓得哪几种牌子香烟好销，包哪几种牌子，若他的销数好，因此得到很优的条件，这个兑换店就比别家会做生意，这个香烟行家的跑街，他能选择好的兑换店，不特销数加多，并且月月能清账，不吃倒账，就是这个跑街会做生意。

银行业是否是生意的一种，我敢说当然亦是一种生意。有一上海存户他是做卖买的，要到天津办货，就得汇款到天津去，银行加了一笔汇款业务；或者他不要用款，出一张汇票，托银行去代收，银行就添了一笔托收业务；若是他的货一时卖不出去，向银行来做押款，就有押放业务；这位存户做买卖赚了钱，嫌存款利息太小，想投资在别种证券，托银行代买，买了并托银行代存，银行就发生了信托保管业务；可见最初不过一存款业务，一点一点添了许多，这不是生意吗？如其拿银行当他一种生意做，那么遇见一位存户，如其是做买卖的，就得知道他的买卖是何种买卖，从哪里买，往哪里卖，招揽他的汇款生意；他的买卖，什么时候畅销，在不畅销的时候，可以问问他要做押款不要做押款；他的存款多了，可以向他谈谈，他要不要向别方投资。若是不当作生意做，管存款的，只晓得收存款，管汇款的，只晓得收解汇款，管放款的，只晓得放款，在这位主顾身上，可以不可以发生别种业务，一概不问，对于主顾，好似路人一样。

吾听见一位著名的银行学者替我说，银行亦是一种商店，他出卖的是他的信用及服务。所谓存款，因为存户相信他，所以去存，就是要他的信用，银行就是出卖他的信用，出卖他信用的时候，与顾客以种种便利，就是出卖他的服务；银行的一切资产，就是银行的存货，他的资产不确实，他的信用不好，就是他的存货缺乏，或者是存货欠好，银行的坏资产，等于商店的底货。照这样看来，银行确是生意之一，更可明明白白。但是中国这十几年办理银行的情形，离开生意两字很远。当经理的，高坐在公事房中，主顾轻易不见一面，终日忙于签字盖章。在柜台内管理存款汇款的，只晓得收进款项，给予凭据了事，对于这位存款汇款人的做何种职业，亦不去问他，有时候还觉得顾主来麻烦他。对于来做押款的，看他好像是来求银行，对他不免有点趾高气扬。管出纳的，好像他的职务，是替银行管理款项，不可弄错，至于顾客在那里等候，耐烦不耐烦，不在他的脑中。管理记帐的，但晓得记帐，每天记账数目不错就是，在记账的各笔出入上，有没有联想到可以发生我的生意，亦一概不问。所以上上下下看银行好似一种特种营业，恰巧这个银行管的是钱财，于是银行人员的心目中，觉得我们的地位是特殊的，不知不觉的就不免有颐指气使的情形。因此主顾看银行，当做他衙门或是机关，许多人怕上银行的门。

这个病根是从那里来的呢？细细想想，因为银行一业，是近二十余年发生的新事业，最初成立的银行，恰巧是官立银行，拿生意两字完全忘记了，进银行的人，不叫他学做生意，久而久之，拿做生意的重要观念放弃了，习惯成自然，遂造成今日的银行风气。说到这里，我们中国银行的制度，亦有很大的影响，在大清银行时代，上有总办，下有经理，总办是官做的，经理是生意出身，行员中二三人管理营业的，是做过生意的，其余都可以随便指派，好像生意不过银行中事务之一部，所以经理及营业人员，在行员中，好似一种特别人才，其他的行员，可以不必晓得营业。等了中国银行成立，当时因为是国家银行性质，所以许多依照日本银行办法。日本银行完全是国家银行，专门经理国库，发行纸币，不经营普通营业，不收普通存款，不同普通主顾接近。当然中国银行制度，完全效法了它，同时因为有许多须同钱庄接洽的事，如买卖银洋，调拨款项，因此设了营业一部，有营业主任、营业员的名目，好似经理及其他的行员，可以不管营业，不知营业，因此与生意两字，愈离愈远。

我们现在只听见人说我想学银行，进银行，并没有人说，吾要学银行生意，做银行生意。拿这个生意两字丢脱，吾们所做的银行，同银行的本来目的，不啻背道而驰了。还有现在回来的毕业学生，都说我是商科毕业，有的说我擅长国外汇兑，有的说我擅长国外贸易，有的说我长于会计，所以就得要占一相当的位置。恰是他们因为未曾研究过中国的生意，所以没有做生意的经验，这个趋势，长此下去，如何能改良我们以前的弊病，这亦是我很忧虑的一点，所以我要奉劝我同事们根本改变我们的观念。

我们进银行是学生意，我们在银行是做生意，收存款汇款的是做生意，管出纳管会计的亦是做生意，甚而至于管调查研究的，亦是做生意。为什么呢？因为收存款的，他可以注意存款出入的情形，如其他要支款去汇款，就可指点他怎样替他汇款；如其他去投资，就可告诉他怎样银行可替他投资；付汇款的，如知道他汇款是按月汇来的家用，就可以指点他储蓄；管出纳的，如能收付敏捷亲切，他就可以间接招致存户多来存款；管会计的他记账的时候，可留心一笔一笔的来踪去迹，如认为有可以发生新业务者，应随时告诉主管的人，让他注意，调查研究，与主顾及商业有莫大关系；因调查研究结果，而发生新生意，更不必说了；就是管理庶务的，他能将行产整理清洁，增加顾客的好感，管理行役得法，替行节省开支，亦是替行做生意。要之希望我同人知道，离开生意两字，没有银行，在银行的人员，人人应该当作生意做，名目上虽有会计、出纳等种种分别，而面目完全是一样的。

（《海光》二卷三期，1930 年）

编后絮语

张嘉璈先生为什么要专门谈"做生意"这个问题？原因就在于，当时确实有不少银行员，并没有明白自身职业的真正含义，以致"上上下下看银行好似一种特种营业"，甚而至于"不免有颐指气使的情形"。从做生意的角度看，银行业与街角的兑换店在本质上其实并无多大差异，只不过银行出售的是它的信用与服务而已。张先生说得很明白，在银行无论收存款汇款，管出纳会计，甚至调查研究的，都是做生意；离开做生意，就没有银行。从这一意义上说，进银行先要学生意；学什么，就是学规矩。学好了生意，才能去做生意，才能做好生意。

章乃器（1897~1977）

又名埏，字金烽，又字子伟，浙江青田人，清光绪二十三年（1897年）生。1913年考入杭州浙江省立甲种商业学校。1918年毕业后任杭州浙江实业银行练习生，后调往上海分行。一年后改任北京通州京兆农工银行营业主任，后升为襄理兼营业主任。1920年重返上海，任浙江实业银行营业部科员，后升营业部主任。1929年创设中国征信所，自任董事长。1932年任浙江实业银行副经理兼监察部主任。又历任中国兴信社干事、中国银行公会理事等职。1938年3月任安徽省财政厅厅长，兼任安徽地方银行董事长。1949年9月当选为政协全国委员会委员、常务委员兼财政组长，同年10月任中央人民政府财政经济委员会委员。1977年5月13日因病在北京去世。著有《中国货币论》《国际金融问题》等。

银行之检查工作

银行之有检查,发源颇早。其在我国,如中国、交通等银行,向有赴外稽核之设置,其职务即为对各地分支行施以检查,惟尔时人数不多,检查范围,往往仅以金库为主。迨至晚近,各银行因业务扩展,管理问题,日趋严重,兼以投机盛行,市场幻变,银行员舞弊事项,层见迭出,检查工作,遂为一般银行业者之所深切注意。或就原有稽核部扩充人员,放大检查范围,以求其工作之彻底;或专设检查部,对总分行施以严密之检查;或因利便,赋各分行会计主任以检查之特权。要之,检查工作之趋于紧张,殆为最近三五年间事耳。

不佞从业浙江实业银行,民二十年春间,本行有检查部之设,由不佞兼主其事。组织伊始,尝苦于无成例之可援,征之载籍,则所详者仅为监察人及会计师之定期查帐手续等,殊不足以应检查部经常工作之需。询诸同业,则检查工作之进行,大都依赖检查人员之技术,制度之运用,殆犹具体而微。荏苒二载有余,凡所设施举,不过凭个人之经验,依事实以推求,虽非闭门造车,窃恐逾越轨范。月前,大阪银行通信录发表关于检查工作之征文,披阅之余,辄复快慰,盖其中指陈,皆在意想之中,绝无可以惊奇之点,而目下本行之工作,几亦甚少疏漏也。适会计杂志有银行会计专号之出版,编者徐永祚会计师嘱为撰文,爰将所作检查要义、检查类别及检查制度一览,公之于世,内中关于帐簿及财产之检查,大致已鲜遗漏;惟关于人事及营业政策部分,则因本行尚未举办,只可从略。此断片之作,原仅备同人参考之需,殊不足以言著述,惟念国人关于实务之研讨,过于消沉,故先贡其一得之愚,以期收抛砖引玉之效耳。

一、检查要义

（一）检查之意义，重在防止弊端及重大错误，与复核之重在数字之极端准确者不同。

（二）检查之手续，重在探求事务组织关节间之正确符合。如单据与帐簿是否符合，财产与帐簿是否符合，帐簿与各科目余额表是否符合之类。

（三）关于财产，尤须注意其保管方法，是否适宜，及曾否尽量应用有效之防弊方法。如现金及证券之类别不清，安置夹杂，均为舞弊之厉阶，而票据正面不盖本行之特别划线图章，可能改为本行记名之证券不予更改，亦为漫藏海盗，均应即时加以纠正。

（四）对于数量，大数须加计算，小数不妨抽查，对于品质及内容，可用抽查法。

（五）防弊之道，倘于弊端已经发生之后，作枝枝节节、头痛医头脚痛医脚之补苴罅漏工作，则必疲于奔命，而终于劳而无功。检查员于此，必须平时注意于本行之会计组织及事务组织，对于防范疏忽引起弊端之点，随时陈报上级人员，以期加以改善。盖防弊如用兵，防线必须配布悉称，而不可有一隅之单薄，对敌贵以逸待劳，迎头痛击。

（六）检查必须得各部同人之合作，检查员对付同人，务须和颜悦色，如对于组织有不明之处，更应虚怀探讨，以期了解。如有余暇，应采访各部同人之意见，对于检查方法，加以改善，盖惟掌其事者，最能指出组织松懈之所在也。

（七）如有怀疑之处，必须不辞劳怨，坚持彻底检查之主张，以求其水落石出，切不可因被检查者之掩饰而轻轻放过。被检查者如有不怿之意，宁可于事后详告以检查之意义，及自身之职责，以求其谅解。

（八）如经过一度之检查，而认为尚未详尽，或当时因情面关系，忽略一部分之检查工作，或事后发觉若干之疑点，均应即时陈明主任，再作第二次之检查，切勿贪图省事，缄默不言。

（九）检查员须观察被检查部分主管人员之辞色，凡面露惊惶及神情恍惚者，须特别加以注意；不愿受检查者，须加以最严密之检查。

（十）检查员对于同人之行为及境况，须加以注意，如有所闻，随时报告上级人员。

二、检查类别

（一）库存检查。在检查库存之现金及财产，是否与帐簿相符。

（二）收付现金检查。在检查收款员及付款员在营业时间内手头所存之现金，是否与帐簿相符。

（三）抵押品检查。在检查抵押证据之手续，是否完善，抵押品之处理（如过户注册等），是否周密，附属书类（如保险单、过户单等），是否完备，及抵押品之数量，是否与帐簿相符；如欠数或欠额已有更改时，更应注意抵押品之增减状况。

（四）单据检查。在检查本行发出关于款项财物收付之单折证据，其记载是否与帐簿相符，同时注意帐簿之登记，是否合法。凡有橡皮揩拭、药水灭迹及小刀刮削事情，应同时提出，加以纠正。

（五）余额检查。在检查各科目余额表所载数字，是否与帐簿相符。此项检查，对于负债科目（如存款），应注意余额表上之较大数目，以防止以少报多之弊；而对于资产科目（如放款），则应注意帐簿上之较大数目，以防止以多报少之弊。

（六）利息检查。第一在检查利息计算上之重大错误，故对于大小数（以千误百、以百误千之类）应特别注意；第二在检查转帐之是否准确，如应收入利息科目之款项，是否有收入别种科目之虞，应转入甲户之利息,有否转入乙户之虞,此项检查,应逐步扩充及于其他重要损益科目。

(七)过帐检查。在检查补助帐记载,是否与传票相符。

(八)联络检查。在检查储蓄处、国外汇兑部及信托部与本行发生存放关系之各种记录,是否与本行记录相符。

(九)通问检查。以上所述,均为直接检查,通问检查则为间接检查,其方法在由顾客方面,取得函件,以证明帐簿记载之正确者也。原有之往来户月结清单,为通问检查之一种,其他各科目,亦须酌量采用。户数多而数目不大者,可用抽查法。进出无多者,可于每三个月或六个月举行一次。

(《会计杂志》二卷五期,1933 年)

编后絮语

银行的检查工作,一度主要依赖检查人员的技术,"凭个人之经验依事实以推求","虽非闭门造车,窃恐逾越轨范"。章乃器先生曾经兼任过浙江兴业银行的检查部主任,对银行检查工作的重要性自然有着切身的体会。"他山之石,可以攻玉"。他选择了译介日本银行业经验,包括了检查工作要义、检查类别以及检查制度等内容,这件事本身就反映出他的独特眼光。章乃器先生对事关金融业和银行业发展的方方面面,几乎都有自己的真知灼见,这也彰显出一个优秀银行家的专业素养和专业水准。

赵棣华(1895~1950)

　　别名同连,江苏镇江人,清光绪二十一年(1895 年)生。毕业于美国西北大学商学系,获硕士学位。1931 年任国民政府主计处主计官兼会计局副局长、局长。1933 年任江苏省政府委员兼财政厅厅长,同年兼江苏省农民银行总经理,并发起设立江苏农村金融委员会。1935 年由财政厅委任为江苏银行董事长。1936 年四明商业储蓄银行改组为官商合办银行,任常驻监察。全面抗战爆发后,随江苏银行及江苏省农民银行迁往重庆。1940 年任第三战区经济委员会主任委员及交通银行协理,同时卸任江苏银行职务。1942 年任交通银行代总经理,1945 年任总经理。另任中央合作金库常务理事、大中银行董事长等职。1949 年秋赴台湾。1950 年去世。

会计报表之格式,当依所需资料而定,同一性质之报表,往往因各国情况及法律之不同,所需资料之互异,而报表之格式,亦不能一致。我国之支出计算书,专为呈送审计部,请其查核,以解除用款机关长官财务上之责任而设,故欲研究支出计算书之格式,须先研究我国审计制度之特点及计算书所需要之条件。

一、欧美各国与我国审计制度之异点

欧美各国审计机关,多派员至各政府机关,就地审核。其审核之范围,不限于报表,乃根据原始单据,进而审核账册,按其记账程序,逐步追求,以至于报表,于单据之正当与否,各账册间内部账目之对核及报表与账册之联络,尤为注意。其查账方法与会计师检查商业机关之账册相同,惟后者之目的,在检查该商业机关之资产是否故意提高与负债是否故意缩少,而前者之目的,在检查该政府机关之开支,是否超过预算,及有无滥支虚报等情耳。故其原始单据,皆存留于原用款之机关,以待审核机关派员审查,单据号数,则于账册内详细注明,俾便对核,而报表中不列焉,盖其报表之编造与审核,皆以账册为根据,非以单据为根据也。我国审计部所注重者,为支出计算书之审核,而原始单据,则为计算书审核之根据,于送出计算书时,须将所有单据附带送出,以凭审核。审核支出计算书时,所注重者,为下列各点:

(一)支出计算书列报之各项开支总额,有无超过该月份之各项预算数;

(二)有无不正当之开支;

（三）列报数额，是否与单据上所载之数额相符；

（四）单据是否正当。

若上述各点，均经审核合格，则机关长官对于该月份财务上之责任，即可解除。至于派员至各机关查核账册之事，尚少发生。故吾国支出计算书，可谓专为报销而设也。

二、支出计算书所需要之条件

支出计算书之功用及审计部应审核之各点，既如上述，则支出计算书所需要之条件，可得下列各项：

（一）支出计算书之实支数，应以月份预算数为标准。我国全年度预算，均按月划分，各月份之各项实支数，须以月份预算数为标准。上月份预算数之余额，非经事先呈请核准，下月份不得留用，故支出计算书，须将月份预算数按照款项目节，详细表明，俾便与实支数对照，而求出其差额。

（二）支出计算书中应填入单据号数。审计部审核支出计算书，乃以原始单据为根据，故支出计算书中，须设单据号数一栏，将原始单据，依次编号填入栏内，以便审查。

（三）支出计算书所列支出数额，应能与总账科目核对。总账为表示全部财务状况之账册，一机关财务上逐日发生之变化，俱于总账表现无遗，且为复式记录，一科目数额之增减，必有其他科目随之消长，否则不能维持账册上之平衡。总账又为会计制度之枢纽，所有原始簿及各补助账之账目，皆与总账互相牵制，故总账之更改，较其他账册为难，是经费支出之审核，不仅限于支出计算书，应进而审核账册。支出计算书不专为报销而设，应为审核账册之根据，故支出计算书列报数额，应与账册相符，尤应与总账科目相核对。原用之支出计算书，皆未能合此条件，其编造方法，或仅凭单据，或以支出分类账为底簿，采用前法者，只须将单据加以整理，即可报销，其报表在账册上毫无根据，易启弊端，无可为讳，采用后法者,亦未尽完善。盖此等机关,多视支出分类账为主要账簿,而不设立总账,然支出分类账,实为补助账之一种,仅能表示支出数额,其与支出有关之各项资料,均不能表现。苟无总账,不特全部账目不能集中,且支出分类账之账目,亦无统驭账户与之互证,此种簿记组织,不能认为健全也。

(四)支出计算书之单据号数应平时编定。原有支出计算书单据之编号,系将全月份之单据,按其所属款项目节之次序,连续编定,而事实发生之先后不问焉,必须将属于第一节一切单据之号数编定后,方能编制属于第二节之单据号数。此种办法,使单据号数,非俟一月份之开支完毕后,不能编定,单据不易保留,而支出账目,平时不能整理,其结果徒增加编制计算书之麻烦,而使计算书送出之时期延长,故欲免除此种弊端,应将支出计算书之单据号数,随时编定。

三、统一会计支出计算书格式之理由

上述四条件中,惟一、二两项,为原有支出计算书所备有,而三、四两项,则不能合乎要求,故有新支出计算书之采用。采用新格式,不特预算书中列报各项开支,可与同月份之支出预算账相核对,且无论何时,均可与总账相核对。因各月份支出计算书合计栏预算数相加之总数,减各该栏实支数相加之总数所得之差数,应与总账内岁出分配数之余额,减俸给费、办公费、购置费、营造费、特别费等支出之总数所得之差额相等故也。新计算书之单据号数,系将每日之单据,按照款项目节,依次编定,故支出账目,可以逐日整理,逐日编制,固不必俟诸月份支出完毕后而编制。新计算书能合乎上述四条件,故有采用之必要也。

(《会计杂志》一卷四期,1933 年)

编后絮语

　　与许多银行家不同的是，赵棣华先生成为中国银行大家是"歪打正着"；他是在中山陵园、华侨招待所等许多重大管理工程中展露了卓越的管理才能，才逐渐转行银行业的。这篇文章从一个侧面展示了赵先生在会计学方面的专业造诣和创新思维。编选此文，目的并不是讨论统一会计支出计算书的技术问题，而是更想传达这样一个理念：一个银行家，未必是银行所有业务领域的专家；但是否具有会计学等基础方面的专业素养，对于其能否出色地尽责履职，则是至关重要的。

赵汉生（1893~？）

　　1920年进入上海商业储蓄银行，曾任总行簿记员，储蓄处会计主任，会计处会计主任，贷款部主任，储蓄处经理，南通分行经理，业务处经理，总渝处经理等。

一九三一年九月十日

陈先生发起星期四聚餐，一为求同人间之互相认识，二为求同人间之交换意见，原不必限定主席发言，但历来与座诸君，发言者甚少，今日何妨打破此种成例，彼此互谈。

今岁天灾流行，水灾至十六省之广，现在各界共筹急赈，暂救目前，而善后之图，尤难筹划，是实为吾国今年下半年之一大难关。而银行当此竞争剧烈、工商凋敝之时，亦有应付艰难之势，欲应付此项环境，必以人才为根本之具。本行同人，向取人才主义，惟办事多局于一部分，不能与他部分沟通声气。即如收解部同人，办事分楼上、楼下两部分，楼上之事，楼下同人固未必周知，而楼下之事，楼上同人亦未必明了，设遇顾客问讯之时，非其本人所经办之事，即未必能明白答复，顾客问讯而不得要领，则又表示不能满意。诸如此类之事，非特收解部为然，即他部分亦莫不如是。鄙人以为欲求沟通声气之效，厥有四端：（一）阅书阅报——常阅书报，则常识自然充足，眼光亦可提高；（二）同人互谈——同人间时时谈话，既可周知各部分之情形，亦可互换知识；（三）经验——凡百学问能力，皆由经验得来；（四）旅行考察——游历各处，可以调查各地方之情形，无形中广拓胸襟不少。此四者，如能参互行之，鄙人以为必于同人之学问能力，咸有裨益。

上次行务会议中，陈湘涛君提议于各部分设置信箱，旁置纸笔信封，上张告白，请顾客注意，如对于本行服务有不满意，或有所指导之处，请即示以意见，投入信箱，以示本行不敢自满，虚心请益之意。经同人会议，以为本行前在旧屋中，早经有此设备，并未收效，现在即使设置信箱,亦无非虚应故事,未必能收效果。但陈湘涛君则谓本行设此信箱,无非表示本行之注意服务,不自骄满,而欢迎社会指导,有此精神,方有进步,至有效与否,本为另一问题,无庸虑及。同人咸以为然,遂议决照办。

至此次各处水灾,外间传言谓我汉口分行,水灾中损失至二千余万;其实汉行损失,虽不能免,然为数不多。各堆栈之货物,自第一、二栈,至四、五、六、七,共六栈,均无损失。惟三栈所堆者为盐斤,经稽核所、榷运局加封,不能移动,盖淮盐系按其票数引数之先后,而以次运销,不能越次销售。而此次水发时,杨区经理已至重庆考察商务情形,由杨云表君代理区经理职务。当三栈水势将及之时,杨君极力防御,以水泥四周筑成三尺高之护隄,以免水势灌入,水至而为护堤所阻,不能侵入,以为可以无虞矣。讵知堤内之水沟未经堵塞,堤外之水,乃由水沟中泛溢而出,一时出于意外,不及抢救,同时汉阳兵工厂之堤岸溃决,水由栈后奔腾而至,因之三栈后垣,为水冲倒,栈中所堆之盐,遇水即化,遂至难以抢救,然犹用驳船抢出六票余,现在尚堆存船中。汉口共押盐十七票,损失约十一票,都计所损失者,约二十二万元。但此二十二万元中,盐税占其大部分,已由盐商请示政府准予补运。总经理此次偕同李桐村君赴汉口时,与此项淮盐押款之原主同往,当与商订还款办法,先由盐商将抢出之六票售卖,还与本行十万元左右,其余所欠之数,由盐商补运盐斤所得之款,逐批分还。故关于食盐押款,在本行可云无损失,惟水灾中防水工作,如筑堤、砌墙、垫高、迁移、抢驳等事,损失洋二万三千余元。钱庄倒闭五六家,有怡德庄欠我行二万三千余两,已在清理中,如收回五成,损失约一万一千余两。综计汉行损失,只三万九千两,外间不察,谣言丛生,实皆捕风捉影之谈也。

本行以上海方面,竞争甚烈,不能不向内地图谋发展,故高邮分行业已成立。经李桐村君于水势湍急之时,曾往高邮察看堤身情形。据云，堤外一片汪洋，湖河合而为一，仅有此一线不甚牢固、久已失修之运堤，为之保障，能否安全，实无把握。故该分行成立数日，并未开始营业，水既入城，邮行同人即行离邮南下，未遭损失，亦幸事也。

总经理此次考察长江一带水灾情形，预料水退以后，营业亦必减色，故已令长江方面各分行，酌量收缩，而改向华北发展；又以银行营业，全恃农工商之发达，今水灾区域如此之广，农田淹没，颗粒无收，农业既救死不暇，工商亦必随之衰落，银行营业，又安能独盛，故秋冬间银根必紧，并已分函各行宽筹准备，以保基础。

有人谓本行收款甚速，而付款颇迟，此虽不必即为事实，但其不满意之表示，已溢于言外。天下事固不能尽如人意，而我行重在服务，总当力求顾客对我之满意。譬如有一顾客，欲觅收解部询问汇兑事务，而遍觅不得，心中已不满意，最后始觅得之，而所询之人，并非经办此事之人，其答复不能明了，则此顾客于不满意中，更加一层之不满意矣。鄙人所言之阅书阅报、同人互谈，暨经验与旅行四端，非特能有裨于同人之学问能力，亦可备为答覆顾客之资料也。

即如汉行之水灾损失，外人不知底蕴，未免怀疑，苟有询及诸君者，诸君即可据实答复，以祛疑窦。

总经理事务甚繁，营业上，交际上，皆须联络感情，重要事务，又须裁决，而星期三有行务会议，星期四早间有放款会议，晚间有聚餐，星期五又有营业员聚餐，亦无非欲求多与诸君晤谈之机会而已。

今日同业间多以吸收存款为宗旨，而其吸收方法，又大半以高利为号召，惟存款既多，放款即为一困难问题，凡往来户中之稳而可恃者，无不派员送折，兜揽往来，利息且须减低，通计不过七八厘之谱，其稳实可靠之户，必为不愿给付高利者也；除此而外，有肯付高利者，则又未必可恃，不敢遽放。我行既不欲从事投机，亦不能以高利吸收存款,宁出于薄利多做之一途,此为本行之特色。

本行欲向内地添设分行,则必须选择人才,苟欲择一能任经理或会计之材,即不易得,人才由磨练而成,鄙人所举之四端,亦磨练之一途也。

（《海光》三卷九期,1931 年）

一九三二年六月二十三日

日前总经理来信言,此次出外,颇多感想。平汉车经整理后,车位安舒,时刻准确,较昔时车辆敝败,而行车时刻之绝无准则者,殆已令人满意。可见内乱之有无,关系一切建设之巨大。由郑乘陇海车至徐,复由徐乘平浦车北上,两路麦收丰稔,景象甚佳,观感为之一变,并述及陇海路努力展进情形。查陇海路当局,现颇能着意经营,其西路已通至潼关,由潼关至西安,亦已筑有汽车路,将来由汽车路改为铁路,当能继续西展。其东路之终点,大浦因河道吃水日浅,虽数百吨千吨左右之船,亦难行驶,故该路当局,决放弃大浦,将新浦至大浦段改由新浦筑至墟沟老窑。老窑海口吃水甚深,为天然良港,三五千吨之海轮,畅行无阻,他日码头筑成,墟沟市面,必能日兴。

鄙人因联想凡事必有变迁,吾人处此时代,对于任何事物,亦必须时时研究改良,以应付环境,例如墟沟开港,轮运公司当备数千吨之大轮,往来该处,吨位增则运货多,运货多则取费廉,乘客亦得安全,此必然之势。总经理尝言,吾人终日作事,每苦于不能事先防范研究改良,迫至事机棘手之时方图补救,终觉太晚,必须振作精神,自强不息,旧有事务,如有未周,不能畏烦因循,当即彻底改革,旨哉斯言,直足以为吾人日行之模范。

现在总行组织一行务研究会,于每月第二周之星期二举行之,遇有紧要事件,并得临时召集,刻方研究(一)改良各部办事手续,(二)如何维持旧主顾,招揽新主顾,(三)各种法律问题。例如此次活存部退票一事,前云根据各银行历来习惯,但现觉成文法中未规定者，习惯法亦有时不足凭。本行章程，载明存款人以支票支取全数存款，须将剩余支票退还，否则扣洋一元；要知扣洋一元，并不能保障一切，如依成文法中所规定，存款人不超过所存金额支取存款，付款人不得拒绝支付之语，则颇觉难以应付。此事现已上诉，结果如何，尚难预料，若此类事件，事先即加研究，定可预防。故吾人对于一切大小事务均应随时随地，切实注意。

关于维持旧主顾招揽新主顾一则，同人中对此问题，多有阐说，其中不乏极有价值之论；然此事系活动的，著为论说，不过聊资辅助，至临事之如何进退，仍在同人随时运其灵敏之脑经，以应付之也。日前小东门分行吴少亭君言及，上海素称富有之姚某等三人，开设之多年老店，竟然倒闭，由此可知营业员放帐，以某店之东家富有、开设多年为标准者，已不可恃。例如有数十家之银行钱庄，对一开设年久、东家富有之店，均送折往来，该店即可以此数十家之头寸周转，自身遇有放帐呆搁及他项亏损之时，偶值市面紧急，即不能维持。是故观察一店可靠与否，必详察其内容组织是否完密，经理人是否诚实，营业是否稳健等为准，而不宜泥于旧法。

至营业员之对外接洽方法，研究之下，认为不必分帮。盖一帮中人，范围甚广，所营事业，各有不同，营业员一人精力有限，户头既多，难以兼顾，似可以业为主，例如跑海味业者，即专跑海味业，其号家不多者，一人可跑两业至数业，如此庶可精力集中，各尽其责。放款方法，最须加意研求，放款愈稳，银行之基础愈固。现世界各国皆不景气，物价日趋下游，如丝茧、金丝草等竟跌价至百分之五十，而各物销路，以各国购买力薄弱，前途黯淡，仍无恢复之象，此与银行押款押汇等业务，关系甚大。而环顾国内，当此水灾兵祸之余，农村已濒于破产，如再秋禾歉收，前途深为可虑，斯则全在吾人之努力奋斗，以应此环境矣。

（《海光》四卷六期，1932 年）

一九三四年九月廿七日

高宪周君,现在提行主管学生储蓄,诸位可与研讨本行提倡学生储蓄之宗旨,除养成俭约美德与良好习惯外,无有其他意义。余意对于提行八千余户之学生家庭状况,应加以深切调查,因其家庭生活,必有宽裕和不宽裕之别。储蓄虽是美德,但不宜过于勉强。一般小学生,往往不知家庭状况,故须注意调查工作。对于家庭生活宽裕者,更应进而与之发生其他业务关系。其实不特学生储蓄如此,即一切业务,无不皆然。

至于本行办理信用小放款,最初只有静安寺路分行一处,苏州分行,后亦援例试办。因苏州住户,大都皆恃田产为生,在青黄不接之时,酌量贷款,收租后即行缴还,以为不致发生危险。不料近年米价跌落,恃田为活者,经济困难,多数不能照缴,成绩欠佳,因而停止。武昌分行,亦有小放款之试办,成绩殊不见佳,现在亦经停办。津行曾有试办小放款之建议,经一度考量,认为此项放款,只可贷与现有职业之人,应急而不救穷。且社会人士,对于银行任务,多不明了,平时与银行不相往来,固无恩无怨,自试办此种放款以来,其因申请不能达其目的者,每多訾议。如申请书中之条件,十之七八,不能合格,申请时经过觅保、填写等烦琐手续,终亦无效,难保无失望怀恨之心,更难保不对我发生恶感。是我本与彼辈无怨无恩,乃以借款不遂,而对于银行发生恶感,反失服务本意。故目下只限于静安寺路分行一处试办,俟有成效,再行推广。

今日与诸君所谈两事,不外行事须求其切于事实,细心研究,不可放松过去,方有进步。今日在座诸君,多数担任收付,与顾客较为接近,大可于谈话时,探询其职业及经济状况。然顾客性格不同,各如其面,有保守秘密,不愿多言者,有生性健谈,乐于闲话者,须分别待遇,或以招待和蔼,缄默寡言为当,或以随事探询,引起兴味为宜,视其人之性格如何,而酌定其态度,务令来者人人满意而去。否则,遇保守秘密者而喋喋多言,遇生性健谈者而缄口不语,非但不能联络感情,且将以多言而引其憎恶,寡言而认为傲慢矣。故柜上同人,应付既甚不易,但人人均可作为营业员,直接兜揽生意,则地位亦殊重要也。有时顾客随意探询本行情形,或各种手续,同人知之者,自可尽量相告,不知之事,亦应介绍他人,与之谈话,不可迳答不知,致为人借口,谓我行服务不能彻底也。

(《海光》六卷十一期,1934 年)

一九三四年十月十八日

李竞荣君,在内汇部主管译发电报,已有七八月之久,或觉此种事务,虽甚重要,而微近呆板,其实不然。凡属本行重要业务消息,以及巨额汇兑等等,皆为主管电报者所首先知悉,因此可以熟悉本行业务情形,与各地金融状况。而平时对于往来号家之是否感觉便利,以及他行收发电报,是否较我迅捷,处处均与生意有关,偶一不慎,不惟生意他去,且将引起意外之误会。譬如本年七月廿一至八月十五日之间,沪粤电汇,常迟一日到达,其初沪粤两行,虽明知之,而未暇推究其原因所在。厥后电汇顾客,渐见减少,乃由总行襄理黄卓山君,前往各号家兜揽电汇,始知其中尚有误会之处。盖适逢其时申新有改组之议,本行与申新间之关系,外间本微有讹传,以致此次电汇迟期,益引起粤帮之疑虑,以为乃受申新影响,有意迟交(其实本行与申新之关系,均属押款)。本行得此消息,亟查真相,始悉在此期内,无线电因气候变动,有线电因闽省"剿共"关系,故而迟延。遂立即由沪粤两行,同时向各往来号家,详细解释,一面将所有电汇,改托沙面大北拍发,以大北有水底电线直达,迅捷不少。而平时则自交通部凡有国营电台之处不能向外商电台拍发之规定颁布以后,本行电报,均交由国营电局发送也。余因此得一感想,凡事不合常轨时,一经发觉,即须追查,切不可大意忽略,有失对外之信仰,及我行办事之精神。

李竞荣君云:"本行内汇部,对于电汇,最近有两种改善计划,亦本此意:(一)编制五字密码,因校对工作,颇为烦琐,故出版尚需时日;(二)拟与电局接洽,装置对讲电话,因装费颇贵,成本较大,故尚须详细考虑。"余意第一项计划实现后,可使顾客减省不少电费,当为顾客所欢迎。至第二项计划,核计所费,亦不过巨,希望亦当实现,则可减省发电时间。须知顾客解款,托吾电汇,其紧急可知,自以力求迅速为是。盖银行为顾客服务,处处须以敏捷而不失周密为第一要义,亦服务常轨也。

(《海光》六卷十一期,1934 年)

编后絮语

面对汉口分行在水灾中受损严重等谣言,如何及时做好对外的解释,以化解声誉风险,也是业务经营中的一项重要能力。而面对激烈的存款竞争形势,既不愿从事投机,亦不能以高利吸收存款,那就只能"出于薄利多做之一途";如果因此而形成自己的特色,岂不又无形之中增加了不少品牌影响力?至于信用小放款的试办,出发点不错,也确有一定社会效益,但银行自身的经济效益又究竟如何呢?这当然需要认真评估,"俟有成效,再行推广"。在赵汉生先生看来,"凡事不合常规时,一经发现,即须追查,切不可大意忽略"。沪粤电汇出现的问题就是一个严重的教训。赵汉生先生的谈话,冷静,理智,又非常客观。

周苍柏(1888~1970)

　　湖北武汉人,清光绪十四年(1888年)生。1917年毕业于美国纽约大学经济系。曾任上海商业储蓄银行董事、汉口分行经理,湖北省银行理事、总经理,豫鄂皖赣四省农民银行理事,中国农民银行常务董事。1945年后任国民政府善后救济总署湖北分署署长。1949年出席中国人民政治协商会议第一届全体会议。中华人民共和国成立后,历任政务院财经委员会委员、中南军政委员会委员兼轻工业部副部长、湖北省政协副主席、湖北省工商联主任委员、全国工商联常委等职。1970年去世。

一九三一年一月二十二日

此次陈总经理巡视来汉，得着两种观念，其一欣慰我汉行之能实行行训，服务人员，精神饱满，营业发达，声闻远近，对之尚称满意；其二，鉴于我国政府之建设多端，无力从事于兴办事业，欲以我上海银行本服务社会辅助工商之使命精神，起而代谋一切。鄙人今日即将此两层意见，为诸君略加申说。

关于第一点，鄙人以为陈总经理之称许，是希望同人努力加勉，并非是欲同人自矜自伐，所以前晚普海春训话，谆谆以自强不息为嘱。鄙人极盼望同人本着已有的基础，拓展未来的局面，继续努力，益加奋勉。

关于第二点，兴办事业，首需资本，政府国库空虚，罗掘俱尽，益以建设重要，手足无措，而人民鉴于已往官办事业之成绩，早已失其信仰之心，不肯斥资相助，然而处此世界日趋进化之时，凡事当顺应潮流，否则我不自办，亦必有人起而越俎代谋为我兴办者。此代我兴办者，当然是鹰瞵虎视之外人，势必利权丧失，金钱外溢，岂非可痛可恨？故极欲凭上海银行平日所得社会上之信任，起而提倡开办，更谋社会间之便利，求工商业之发展。

所谓便利社会，发展工商，理甚浅显，试以设立堆栈譬之。从前闭关时代，人自为计，无有堆栈之设。故一货之运销客地者，一到其地，无处堆存，无论价高价下，即须脱售，亏损盈余，一凭天命。今则不然，货到一处，可以存之堆栈。其便利有三：一不受风吹雨打，遭意外之损失；二货值低时，可以不必急急出售，徐待上涨；三急欲用款而又不愿贱售其货者，亦可于银行中做折扣押款，不失周转。本行今已有堆栈数处矣,然此不过其小小起点,于事业两字相差甚远。且现下各堆栈所堆存之货,大都凭招待酬应得来,严格言之,即所谓现成货,不能与客家发生利害关系,有必须堆存我栈之必要。故必更谋利便之方,为客家计划装运及代办沿途手续等等,以博得其同情,而使有非存我栈不可之势。盖为他人减少一分困难,即为我自身增加一分业务也,此其一。

中国以农立国,出产素称繁富,然而地力有尽时,益以天灾人祸,相继不绝,日谋改善,犹恐不及,而况农民之无识无智,依然如故。种植既不能改良,生产力遂日趋于薄弱,所产自亦不敌外货之质美,驯致市销日疲,外货充斥。譬如棉花一物,如陕,如豫,如鄂,皆为丰产之区,乃因墨守旧法,不知改进,故如鄂产之绒头太粗,不能纺十六支以上之细纱者,历千百年而不变。此皆由于无人指导,智识不开,资本不充,改良无法。使我上海银行出而与之代谋,相地分区,组织农民合作社,无资者贷之以资,未得其法者教之以法,购买外国优良种籽,垦殖机器,以改良其种植浇灌之法,则收获之时,自然生产力加增,产品既丰且美,于是更进一步而广设工厂,教之自行纺织,举凡一切细纱细布,以及呢绒疋头,皆能自制自给,不仰外货,因是而一般失业者之生计问题,亦得解决,其有裨于国计民生,夫岂浅鲜,此其二。

更转而言城市事业,试举其近者,武昌之电灯,虽有而不明,自来水则迄未办成,一水一火,为人生一日所不可或缺之品,而乃一则不明,一则不洁,其为不便,谁不感受?究其所以不能使明不能使成之故,则完全因资本之无着耳。设我上海银行出资提创,组织公司,或独办,或招股,尽力办理,不数年间,可断定此公司者亦必如我银行业务之蒸蒸日上,而群谋加入。我之初意,本在便利社会,发展工商,而不在谋利,则届时尽可将股票尽数出售,收回资本,以从事于别项事业。转辗循环,择要举办,必使上海银行所在之地,无废不兴,无事不举。试想当是时社会人士之福利为何如?

其对于我上海银行之感想又何如？而我上海银行之立足地又将何如？此其三。

凡上所说，不过随便举例，略述大概，而欲达到此项目的，尤其是第三项，非激增存款，集中金钱不可。以我汉行目下所处之地位而论，真所谓谈不到此。盖汉行存款，目下不过一千万元，尽数以办一大事业，犹觉渺乎其小，不敷施展，况有其他放款等等之必须准备，其实在可以运用而活动者，更属微几乎。故在此时期，不啻训政时期，预备时期，虽有此大志愿而力尚不逮，必须我同人大家发愤自强，竭其心思才力，以谋存款之集中，庶几事实可实现，而最须注意者，莫若和蔼迎人，保住已有之顾客。兹将其利害关系，再与诸君一伸说之：

生意从顾客而来，此虽三尺孩童无不知之者；然一寻常顾客之续绝，而足影响生意，则恐在常人心中，十九犹皆以为未必。而以鄙人推测，则确认此言为有至理。盖保住一顾客，非仅仅保住一顾客，实乃为招徕第二第三以至无量数之顾客，故断不能使其绝裾而去者。试即以汉行中一存户为言，任何一顾客，必有亲戚有朋友，决非不与人往来之人，而其亲戚朋友，亦必有数人欲将剩余银钱存入银行而无所适从者，使此顾客因我之敏捷招接、和蔼相待而心存好感，则其于亲戚朋友之中，自必乐为我誉扬，乐为我暗中介绍，反之则亦必诽谤我毁坏我，而唆使人不与我往来。一可传十，十可传百，推及于千万，应处处留神，毋或有发生慢待顾客之事。即便遇手不空闲，忙极之时，亦务必和颜悦色，婉请顾客稍待，或用他语与之敷衍，毋使感觉枯寂；若在空闲之时，则更可随机应变，与之杂谈。如是，彼必因感觉亲热之故，而以为于我行中得一友人焉，在我遂得收上述之效。故其实一言道破，招徕顾客，乃属极易之事，而亦为同人分内之事也。

不是为我全体同人之糊口计身家计，是为负着服务社会、辅助工商之使命计，故处事之暇，亦应时时以此为怀，群集讨论发展计划,视全体同人为一志同道合的实行团体。

诸君须知我汉行之于本行各分行,是常居于领导地位的,欲保持此地位,非努力奋发,日进月迈不可,而陈总经理所抱之第二观念,或者仍得由我居于领导地位者首先实现,岂不快哉! 愿与诸君共勉之。

(《海光》三卷五期,1931 年)

编后絮语

如何才能真正争取客户? 周苍柏先生举了一个堆栈的例子。无论对银行或是客户而言,堆栈都有很大益处,但当时各堆栈所堆存之货,"大都凭招待酬应得来",即所谓"现成货"。周先生认为,如此"并不能与客家发生利害关系,有必须堆存我栈之必要";要真正争取客户,则必须"更谋求利便之方",比如计划装运及代办沿途手续费等,切实增加服务的附加值,才能真正争取客户的支持。其他诸如组织农民合作社、协助兴办城市水电等公益事业等举措,在帮助社会减少困难的同时,同时也增加了银行自身的业务机会。他的思考具有相当的深度。

周作民(1884~1955)

原名维新,江苏淮安人,清光绪十年(1884 年)生。1902 年赴粤入广东公学,1906 年赴日本留学,入京都第三高等学校。1912 年任南京临时政府财政部库藏司科长。1915 年任交通银行稽核课主任,不久兼任交通银行芜湖分行经理。1917 年 5 月任金城银行总经理。1918 年兼任财政调查会委员、安国军财政讨论会委员、京师总商会会长等职。1931 年 9 月任国民政府全国经济委员会委员,11 月任国民政府财政委员会委员。1937 年11 月回上海,在上海租界指挥沦陷区金城银行各地分支行。1943 年 1 月任汪伪政府全国经济委员会委员。1951 年 9 月任公私合营"北五行"(即盐业、金城、中国、大陆、联合五银行)联合董事会董事长。1952 年 12 月任公私合营银行联合董事会副董事长。1955 年 3 月 8 日因病在上海去世。

径启者：

本行创业以来六载于兹，股本则逐年增厚，业务则逐年扩张，利益之所获亦逐年见其丰盛。综斯成绩，胥由于我同仁之尽力得以臻此，固堪同深幸慰，然而各方面之属望于我同仁者，此后将愈见其切。是同仁之责任日益增重，应如何奋发图进，期使实力日渐充裕，利益足资，因应自不能不随时筹计，劳心于未雨。兹就今年五月以来经过之情形，切实匡计，论存放总量，虽觉比之上年犹见增进，而实力反形紧促，利益亦较退逊。考厥原因，由于政局不宁，准备均须加厚，市面萧条，营运多难如意者固半；而所放之户呼应不甚灵活，存放利率比例未尽适当，实亦居其半。因本处审度再四，以为放款若不亟谋整理，积久恐蹈他行前车之辙；利益苟不预为计算，届时难副各方期望之殷。流光如驶，两期决算，转瞬可待，一年之计，至今已属刻不容缓。爰定办法，数端列举于后：

1. 现有各种放款，均应分别旧欠、新欠，逐户清理。

2. 前项新旧之区分，凡定期放款转期在两次以上或到期未还，亦未转期者，透支积欠在 6 个月以上未经结清者，均作旧欠论；余作新欠。

3. 旧欠各户未到期者，届期务须收起，勿再接转。过期者，速行催收；如不能全数收起，应设法先收若干，下欠若干加重利率，酌转定期，或不转定期，以便随时催收。倘有完全不能收起之户，应将所欠利息先行收回，本金亦必加重利率，酌转定期，或不转定期，以便催收。倘有并所欠利息亦不能归还之户，是无异于呆账，应将该户财产及其负债情形调查详确，并将如何追索方法，有无特别关系，列单陈报本处核夺。

4. 新欠各户其利率已订明于契约者，俟契约到期，即将利率酌为改订；其未订有契约者，一律酌看情形，将利率逐户增加。

5. 放款除有契约者外，定期放款以一分二厘为准，透支以一分为准；但仍以有特别情形，数少期短者为限，并须将放款理由陈明本处。如有因营业上别有实力可图，不得不略减者，应将其理由随单注明。

6. 定期放款，期限以三个月为最长，期间透支各户以进出灵活、欠数不呆者为宜，其不甚灵活者宁做定期。

7. 抵押放款之抵押品应逐户估计，如有不值或不足者，均行更换。

以上办法，一以谋行基之巩固，一以冀利益之增收。在各行须知本行股东之利益，每年必须维持其平均，际兹存款不易吸收，普通存率又皆抬高，而物价日昂，人事日费开支逐渐加繁，是欲求收支之适当，不能不于稳健之中，图利益之丰收。欲图利益之丰收，即不能不酌营厚利之交易，以资挹注。目下市面虽属清淡，厚利交易尚非决无，顾必须头寸不虞竭蹶，始有旋翔之余地，整理要点，即在乎此。务望各行统顾全局，切实照办，幸勿视为具文。一切情形，函述尚虑未尽，并派丁行员来行面洽，统希察照，并盼将办理情形随时见告是荷。

此致
津行

金城银行总经理处　周作民　启

民国十一年五月二十五日

（天津市档案馆藏金城银行档案）

编后絮语

安全性、流动性和盈利性是商业银行的经营原则，稳健经营的商业银行总是在保持安全性、流动性的情况下，追求最大限度的利润，即所谓"一以谋行基之巩固，一以冀利益之增收"。周作民先生的这份函件，重点是在政局不宁、市面萧条的情况下，如何增加银行经营的效益。他敏锐地发现，在本行经营过程之中，"所放之户呼应不甚灵活，存放利率比例未尽适当"。他提出的观点非常明确："放款若不谋整理，积久恐蹈他行前车之鉴；利益苟不预为计算，届时难副各方期望之殷"。从这个意义上说，各种放款的逐户清理、利率与期限的重新厘定、抵押品的重新评估等等，显然成为必然的选择。

朱汝谦（1905~?）

1930 年 1 月进入上海商业储蓄银行，曾任该行汉口分行办事员、宜昌支行经理、广州管辖行副经理、总行襄理等。

进展与联络

据中国银行所制一九二九年我国各华商银行资本与存款之统计，本行存款总额七千万元，占全国银行界存款之第三位。为时年余，本行存款又已突飞猛进，据总行最近星期报告，存款总额已达一万一千余万元之巨，浸浸乎有进占全国第二位之趋势。再查储蓄总额，业已超过二千万元之数，以视全国各银行之储蓄成绩，相差甚远，实已高居全国银行界储蓄之第一位矣。一方面为普遍服务社会起见，又能从事于分支行之设立，年余来，新增者竟达十余处之多，扬子江及黄河两大流域之重要城市，本行分支行已满布其间，今且已兼顾及于岭南，于是珠江流域，亦得有本行为其服务，其进展之速，要非人力之经营，曷能臻此。然而此时尚在进展之初期也，今吾人已得凭借其稳固之基础，优良之经验，高瞻远瞩，详审国内外之经济大势，迈进未已，则后此数年间之进展，当必数倍于今日，此可断言者也。惟是进展愈速，范围愈大，若不有严密之组织，势必有顾此失彼之虞，且用人愈多，则新旧人员，亦难免不有生疏隔阂之处，非但妨碍进展，亦且有坠令誉。为今之计，似宜切实从联络上着手，联络者，犹如人身之有筋络，所以司全体之运化，是以人与人间，部与部间，行与行间，皆须有充分之联络，方足以应环境之需要，而在此进展时期，尤为不可稍忽者也。

去岁总经理在沪上召集之经理会议，以及现在各行间互相抄寄之星期报告，是皆行与行间相互联络之善法也。又如各行每星期举行之行务会议，或其他小组会议，经理职员，共聚一堂，相与研讨，此亦部与部间，人与人间相互联络之善法也。行之未久，各行间已能互通声气，其联络精神，已显有进步，固无待赘述。惟今吾人所尚欲言者,全行各种组织,未能一致,凡此原因,固为年来业务进展太速,各行人力未能并进所致,虽以一单一纸之微,亦多不能一致,使接受者感觉不良之印象。又如其他一切组织之能统一而未能统一者,自亦不免。惟是组织不能统一,则非但于指挥督监,深感困难,亦且于各行联络上发生极大之障碍。此统一组织之于联络,甚为重要者一也。

又如总分各行同仁,现均荟萃其心力,以讨论各行业务之进展,对于各项创作,如管理组织表册等项,时多发明,足资他行之摹仿,然以少于公布,以致各行未能善为利用。如现在总行颁布之本行组织统系表,内中详分各科,至为完备,但以有数科之办事范围,未能尽使各行完全明了,或仅知其大概,则各分行不能善为利用,其办事一方面,亦不能扩大其服务。又如本年霞飞路分行创办之夜银库,其一切内容,若不于《海光》预为刊登,则各地分行顾客,如有持报纸广告来询者,本行同仁,势将瞠目而不能对,事虽微末,亦足以使顾客发生本行声气不灵之印象。此交换智识之于联络,亦甚重要者二也。

再若各行交换人才,亦足以促成各行业务联络之实现。往昔中、交各行,对于区域观念,甚为重视,以致楚才晋用,或竟埋没良才,深致可惜。本行自来即无机关习气,人员之调动,毫无界限,但有时各行中亦有因其自身聘来或训练所得之人才,每每不愿其他调,但今或有一甲行之人,其才力习惯,均宜于乙地,而乙地分行亦需要此项人才,则权其公私所得之利益,自以调赴乙行为宜。又如甲乙两地业务关系至为密切,如双方能出其人才以互相交换,则双方市面情形,皆甚熟悉,必能利用良机,无往不利。此交换人才之于联络,甚为重要者三也。

今更再就增设联络员之重要,试举其荦荦大者,述之如左:

一、按吾行最近之组织,总行有业务处与检查处之设立,业务处更有分行科以管理各行业务之进展,指挥监督,皆趋一致,照理已无另设专员之必要；惟是业务处人员未必能尽悉各行各地之商业情形，检查处人员，亦只能于帐面上从事检查，此实无可讳言。若有专员，足以补助远道指挥之不足，亦足以纠正帐面检查之未逮。此应增设联络员者一也。

二、各分行之业务，或因其环境与人力之关系，亦有积极与消极之时期，或各行经副理偶尔请假，临时由总行或区处指派专员，驰赴该地，相助为理，则联络员平日已洞悉各地商情，必能胜此重任。此应增设联络员者二也。

三、联络员平日常川往来于其指定之各行间，则各该地之商业情形、金融季节，无不了如指掌，有时亦能运用其经验，以辅助各行业务之进展，调盈剂虚，以补各行间运用之不足。此应增设联络员者三也。

四、各行会计独立，各计盈亏，其以本身利益为前提，实为责任心所应尔；惟是本行分行既众，牵连必多，有时利于甲行，而无利于乙行，若须临时磋商，必致坐失事机。联络员平日已贯通其声气，一旦如遇此种事项，又能于事先或事后设法为之解释，或代声叙其事理于总行或区处，不使受牺牲之分行，无以自明，行之既久，各分行间之精神联络，自必更有进步。此应增设联络员者四也。

五、一顾客而与本行多数分行往来者，数见不鲜，但因各行之观感不同，往来方法亦多异殊，如有专员以贯通一气，则往来手续，及兜揽方法，均能趋于一致；且因常川往来之故，耳目较周，对于信用程度，亦易考察。此应增设联络员者五也。

六、分行业务，有时因环境关系，未能尽按规章办理，又以琐屑未能一一陈报，如有专员常川往来，即可以考察所得，据情报告总行或区处，可免无谓之误会；又总行或区处一切通函与政策，有时亦因函牍未能详尽，以致各分行未能深体力行，若有专员，随时宣示真意，必利进行。此应增设联络员者六也。

凡此种种，均与业务进展，有极大关系，是联络员之于今日，已有设置之必要。观夫本行上海各分行已有监督之设立，其任务固为监督各行之一切业务，但其目的亦不外联络一地之分行，有一致之进展；并以其同处一地，其业务时有相联之关系，故不能不设专员以负联络监督之责。今果推而广之，各行与各行间，亦何尝无互相联络之关系也。且分行与总行或区处，分居各地，对于总行一切政策及设施，不免有不能尽如人意之处，如人事与行规之考核，库存与帐务之检查，联络员亦可于业务专责以外，接受总行或区处命令，负一时或长期监督之责任，以代总行或区处监督之不周也。兹更述联络员之组织如下：

一、总行业务处分行科，置各区联络员，以管理各区与各区及各区与总行直辖各行之联络事务；又设分行联络员，以管理总行直辖各行之联络事务。

二、区处业务科置区外联络员，以管理与他区各行或总行直辖各行之联络事务，又设区内联络员，以管理本区内各行之联络事务。

三、联络员往返之函件，除与有关系之各行外，如有关于区外如总行直辖各行及他区各行者，均须寄分行科或区处联络员，以便连贯。

四、联络员得以事实之需要，指定一人长期或临时负担联络两行或两行以上之业务。

五、联络员除负联络业务责任外，对检查、人事两项，均有关系，故该两处或两科亦有指挥及委办之权。

六、联络员往来各地，得于联络及考察各行业务外，并得受总行或区处之委托，办理各项调查事务。

凡兹所述，不过陈其梗概，如能应用得法，未有不发生相当之效力。往者总经理常以"分工合作"四字昭示同仁，而同仁亦无不以分工合作为应付环境之最良办法，今联络员之增设，正所以求此目的之实现，此愚意认为确切不疑者也。

（《海光》三卷八期，1931 年）